高等职业教育商务类专业精品课程系列规划教材

网店美工

WANGDIAN MEIGONG

主　编　钱晓舒　张格余
副主编　李　姝　吴天诚
编　者　相姗汝　王佳丽　孙仁喆

苏州大学出版社
Soochow University Press

图书在版编目(CIP)数据

网店美工/钱晓舒,张格余主编.—苏州：苏州大学出版社,2022.6(2024.10重印)
高等职业教育商务类专业精品课程系列规划教材
ISBN 978-7-5672-3943-2

Ⅰ.①网… Ⅱ.①钱… ②张… Ⅲ.①网店—设计—教材 Ⅳ.①F713.361.2

中国版本图书馆 CIP 数据核字(2022)第 097151 号

网店美工
WANGDIAN MEIGONG

钱晓舒　张格余　主编

责任编辑　马德芳

苏州大学出版社出版发行
(地址：苏州市十梓街1号　邮编：215006)
苏州工业园区美柯乐制版印务有限责任公司印装
(地址：苏州工业园区双马街97号　邮编：215121)

开本 787 mm×1 092 mm　1/16　印张 9.25　字数 192 千
2022 年 6 月第 1 版　2024 年 10 月第 3 次印刷
ISBN 978-7-5672-3943-2　定价：45.00 元

图书若有印装错误,本社负责调换
苏州大学出版社营销部　电话：0512-67481020
苏州大学出版社网址　http://www.sudapress.com
苏州大学出版社邮箱　sdcbs@suda.edu.cn

PERFACE

随着电子商务的迅速发展,网上购物日益火爆,各类网店如雨后春笋般涌现。卖家要想在众多网店中脱颖而出,吸引消费者浏览并刺激消费者产生购买行为,网店的页面设计就显得至关重要。为帮助学生掌握网店美工设计的基本技能,编者对本书中的理论知识点、案例、实战演练、习题等内容进行了全面优化。

目前,我国很多职业院校的商贸类专业都将"网店美工"列为一门重要的专业课程。为帮助职业院校的教师全面、系统地讲授这门课程,使学生能熟练地进行网店美工设计,我们几位长期讲授相关课程的老师合作编写了本书。

本书依据最新课程标准编写,在编写内容和结构上都做了精心的设计,同时配备丰富的资源,以期达到"十四五"职业教育国家规划教材的要求。本书以淘宝、1+X 网店运营推广软件、ITMC 网店开设与装修实训软件三大方向为切入点,以淘宝店铺装修为主,以考证与竞赛的要点为辅,围绕岗、课、证、赛来讲授网店美工的内容。与其他教材不同的是,本教材没有介绍 Photoshop 的基本操作,而是直接从美工要素入手介绍制作过程。

根据现代职业院校的教学方向和教学特色,我们对本书的编写体系做了精心设计。每个项目按照理论知识点和案例实践操作这一思路进行编排,力求:通过理论知识阐述,让学生掌握基础理论知识;通过课堂实训案例演练,让学生深入学习网店美工制作的特色;通过课堂实战演练和课后综合演练,让学生拓展实际应用能力。本书注重理论与实践相结合:在项目描述部分,重点讲述各平台的注意点,总结竞赛、考证中的各大要点;在任务部分,以实际操作来拆分项目,突破重难点。

本书在内容编写上,力求精致全面、重点突出;在文字叙述方面,注意言简意赅、通俗易懂;在案例选取方面,强调案例的针对性和实用性相结合。

由于编者水平有限,书中难免存在不足之处,敬请广大读者批评指正。

编 者

CONTENTS

模块一 网店美工概述

项目1 初识网店美工   3
任务 1.1 了解网店美工   4
任务 1.2 了解网店美工应具备的素养   5

项目2 网店美工设计要领   7
任务 2.1 认识色彩搭配   8
任务 2.2 了解版式布局   11
任务 2.3 熟练运用文字   13
任务 2.4 掌握文案撰写技巧   16

模块二 首页设计与制作

项目3 PC端店铺首页设计与制作   21
任务 3.1 设计并制作店标   23
任务 3.2 设计并制作店招   26
任务 3.3 设计并制作导航条   28
任务 3.4 设计并制作焦点图   31
任务 3.5 设计并制作分流导航区   37
任务 3.6 设计并制作商品促销模块   42
任务 3.7 设计并制作收藏区与客服模块   47

项目4 移动端店铺首页设计与制作   52
任务 4.1 设计并制作爆款推荐区   54
任务 4.2 设计并制作新品首发区   57
任务 4.3 设计并制作产品分类区   61

模块三 促销设计与制作

项目 5　直通车主图设计与制作　67
- 任务 5.1　设计并制作限时促销主图　68
- 任务 5.2　设计并制作直通车主图　71
- 任务 5.3　设计并制作促销标签　73

项目 6　钻展推广图设计与制作　78
- 任务 6.1　设计并制作内容 banner 图　83
- 任务 6.2　设计并制作风格 banner 图　87
- 任务 6.3　设计并制作形式 banner 图　91

模块四 商品设计与制作

项目 7　商品主、辅图设计与制作　99
- 任务 7.1　设计并制作主图　101
- 任务 7.2　设计并制作辅图　104

项目 8　商品详情页设计与制作　107
- 任务 8.1　设计并制作详情页焦点图　110
- 任务 8.2　设计并制作优惠券　114
- 任务 8.3　设计并制作商品推荐　117
- 任务 8.4　设计并制作商品搭配　119
- 任务 8.5　设计并制作商品信息　121
- 任务 8.6　设计并制作商品亮点　123
- 任务 8.7　设计并制作商品细节　128
- 任务 8.8　设计并制作售后服务模块　131

附　录　"网店美工"课程标准　135

模块一 网店美工概述

项目 1

初识网店美工

项目目标

◎ 知识目标
- 了解网店美工的定义；
- 掌握网店美工的工作范畴；
- 掌握网店美工的设计原则；
- 了解网店美工应具备的素养。

◎ 能力目标
- 能够具备网店美工的素养；
- 能够理解网店美工的工作范畴和原则；
- 能够具备淘宝美工的素养。

◎ 素养目标
- 具有较强的动手能力；
- 能自觉完成设计工作并有创新意识；
- 具有较强的图像创意思维、艺术设计素质；
- 具有合作意识和团队精神，以及协调沟通能力和组织管理能力。

项目重点

具备网店美工的素质，依据网店美工的设计原则装修网店。

项目难点

能根据商品的实际情况，运用网店美工基础知识进行网店设计。

任务1.1 了解网店美工

1. 网店美工的定义

网店美工是网站页面美化工作者的统称，主要完成店标、店招的制作，网店首页的装修，宝贝详情页的设计，直通车/钻展图的设计，等等，最终服务于店铺的销售和运营。为了更好地促进店铺销售，网店美工需要拍摄图片与视频、处理商品图片，并在其中加入自己的创意，让网店以较好的视觉效果吸引消费者点击进入，最终转换成购买力。

2. 网店美工的工作范畴

网店美工主要负责网店的装修，以及商品图片的创意处理。为了能够体现网店的特色、创意，网店美工除了要具有较高的平面设计能力与软件操作能力外，还要掌握营销、法律等多方面综合知识。下面对网店美工的工作范畴进行介绍。

（1）规划店铺及素材

对整个店铺的页面、素材及架构进行合理规划，设计出适合店铺产品风格的装修模板。

（2）拍摄商品

对商品进行拍摄，包括商品的主图和细节展示图。

（3）美化商品图片

使用Photoshop美化商品图片，便于后期进行页面设计与制作。

（4）设计与装修网店

结合商品图片、营销文案来设计与装修网店，上架商品，并最终展示给消费者。

（5）宣传与推广网店

网店宣传与推广的方式主要有两种：一是商品促销，二是品牌推广。

（6）设计与更新店面整体形象

使用Dreamweaver软件装修、设计、美化店铺，或者购买装修模板，根据不同季节、不同节假日对店铺的首页及二级页面进行不定期的局部更改或整体装修美化等。

3. 网店美工需要遵循的设计原则

（1）突出商品属性

在设计与装修网店时，要着重分析商品的属性，包括商品的功能、尺寸、特点、卖点、适用人群和优势等，展现商品本身的亮点，吸引消费者点击进入并查看。

（2）色彩搭配协调

在设计与装修网店时，色彩搭配要合理、协调，确定好主色调，其他辅助色应与主色保持高度协调。

（3）简洁时尚

在商品图片美化和网店页面设计的过程中，简洁时尚是不变的设计原则。

任务1.2 了解网店美工应具备的素养

1. 具备多种职业的基础知识

① 了解摄影的相关知识。

② 熟练应用 Photoshop、Illustrator 等相关平面设计软件。

③ 掌握绘画、平面构成的基本知识。

④ 具有一定的营销知识。

⑤ 能不断学习新知识，以适应不断发展的行业变化。

2. 提高审美，跟随潮流

视觉上的美感是一种感性的思维，美感不是通过理性思维的方法加强的，而是通过生活中的观察和感受来积累的。时代在发展，潮流在变化，人们的审美也在发生变化，要紧随时代发展，不断调整，提高审美能力。

3. 创新创意，引领时尚

创新创意是指事物在现有的理解和认知上，衍生出新的思维方法。创意设计是将新奇的想法运用到设计中，让设计体现出不寻常或让人耳目一新的感觉。

项目巩固

一、填空题

1. 网店美工的工作范畴包括_____、_____、_____、_____、_____、_____。

2. 网店美工需要遵循的设计原则包括_____、_____、_____。

3. 网店美工应具备的素养：_____、_____、_____。

4. 网店宣传与推广的方式主要有_____和_____

_____。

二、判断题

1. 网店美工不需要具备营销知识。（   ）

2. 对商品进行拍摄，只要拍摄商品的主图。（   ）

3. 视觉上的美感是一种感性的思维，美感不是通过理性思维的方法加强的，而是通过生活中的观察和感受来积累的。（   ）

4. 在商品图片美化和网店页面设计的过程中，色彩要丰富，主题要多样。（   ）

5. 创新创意是指事物在现有的理解和认知上，衍生出新的思维方法。（   ）

项目 2　网店美工设计要领

项目目标

◎ 知识目标
- 了解色彩基础知识；
- 掌握网页设计配色的技巧；
- 掌握版式布局的方式；
- 了解文字的组合方法；
- 掌握文案撰写技巧。

◎ 能力目标
- 能够运用色彩的相关知识进行色彩搭配；
- 能够运用文字的相关知识选择合适的文字；
- 能够运用文案的相关知识设计营销文案；
- 能够运用版式的相关知识设计和排版。

◎ 素养目标
- 能自觉完成并有创新意识；
- 具有较强的图像创意思维和艺术设计素质；
- 具有合作意识和团队精神，以及协调沟通能力和组织管理能力。

项目重点

运用色彩、文字、排版、文案等相关知识进行网店设计。

项目难点

根据商品的实际情况，运用色彩、文字、排版、文案等相关知识进行网店设计。

任务 2.1 认识色彩搭配

漂亮的色彩能让人赏心悦目,让消费者愿意停留更多的时间,促使成交量上升。色彩是能引起我们共同的审美愉悦的、最为敏感的形式要素,它能直接影响人们的感情,是网店美工中最有表现力的要素之一。在设计和装修网店时,统一的色彩搭配,能够使网页看起来更加整洁美观,提升购买力。下面对色彩三要素、色彩模式、色彩对比及网页设计配色进行介绍。

1. 色彩三要素

(1) 色相

色相是指能够比较确切地表示某种颜色色别的名称,如红色、黄色、绿色、蓝色等。

不同的色相会给人传递不同的感受。根据人们对色彩的主观感受,可以将颜色分为暖色、冷色和中性色。

① 暖色:是指使人心理上产生温暖感觉的颜色,如红色、橙色、黄色、棕色等。它会使人联想到太阳、火焰、热血、土地等物象。

② 冷色:是指使人心理上产生凉爽感觉的颜色,如绿色、蓝色、紫色等。它会使人联想到天空、冰雪、海洋等物象。

③ 中性色:又称为无彩色系,是指由黑色、白色及由黑白调和的各种深浅不同的灰色系列。黑色、白色和灰色是常用的三大中性色。

色彩的冷暖感觉,不仅表现在固定的色相上,而且在比较中还会显示其相对的倾向性。如同样表现天空的霞光,用玫红色画早霞那种清新而偏冷的色彩,感觉很恰当,而描绘晚霞则需要暖感强的大红色了。但如与橙色对比,前面两色又都加强了冷感倾向。

如图 2.1-1 所示的商品海报,从色相的角度进行分析,商品颜色以红色、黄色为主,属于暖色调,给人一种温暖、热情的感觉,搭配深红色的背景颜色,营造出一种浓厚的热烈氛围。

图 2.1-1 商品海报

(2) 明度

明度是表示颜色所具有的亮度和暗度。通俗地讲，在红色里添加的白色越多则越明亮，添加的黑色越多则越暗淡。

颜色有深浅、明暗的变化。色彩的明度差别包括两个方面：一是指某一色相的深浅变化，比如，深黄色、中黄色、淡黄色、柠檬黄色等颜色在明度上就不一样，紫红色、深红色、玫红色、大红色、朱红色、橘红色等颜色在亮度上也不尽相同；二是指不同的色相间存在着明度差别，比如，黄色、绿色、紫色等，其明亮程度是不同的。这些颜色在明暗、深浅上的不同变化，是色彩的又一个重要特征。

(3) 饱和度

饱和度是指各类色彩中包含的单种标准色的成分的多少。饱和度越高，颜色越鲜艳，视觉冲击力越强。纯色的色感最强，所以纯度是色彩感觉强弱的标志。原色是纯度最高的色彩。颜色混合的次数越多，纯度越低；反之，纯度越高。原色中混入补色，纯度会降低、变灰。物体本身的色彩，也有纯度高低之分，如西红柿与苹果相比，西红柿的色彩饱和度高些，苹果的色彩饱和度低些。

高饱和度、高明度、高对比度、色彩丰富的颜色会使人感觉华丽、辉煌；低饱和度、低明度、单一、弱对比度的色彩会使人感觉质朴、古雅。高饱和度海报能带给消费者非常强烈的视觉冲击，因此高饱和度是网店美工最常使用的一种设计手法。

2. 色彩模式

(1) RGB 模式

RGB 模式是由红、绿、蓝三种颜色的光线构成的，主要应用于显示器屏幕的显示，因此也被称为色光模式。每一种颜色的光线从 0 到 255 被分成 256 阶，0 表示没有这种光线，255 表示这种光线达到最饱和的状态，由此就形成了 RGB 这种色彩模式。

三种光线两两叠加，又形成了青、品、黄三种颜色。光线越强，颜色越亮。R、G、B 三种光线合在一起是白色，所以 RGB 模式又被称为加色法。

(2) CMYK 模式

CMYK 模式是由青、品、黄、黑四种颜色的油墨构成的，主要应用于印刷品，因此也被称为色料模式。每一种油墨的使用量从 0% 到 100%，C、M、Y 三种油墨混合可产生更多的颜色，两两相加形成的正好是红、绿、蓝三色。

由于 C、M、Y 三种油墨在印刷中并不能形成纯正的黑色，因此需要单独的黑色油墨 K，由此形成 CMYK 这种色料模式。油墨量越大，颜色越重、越暗；反之，颜色越亮。没有油墨的时候看到的是什么都没有印上的白纸，所以 CMYK 模式又被称为减色法。

如图 2.1-2 所示为几类色彩模式。

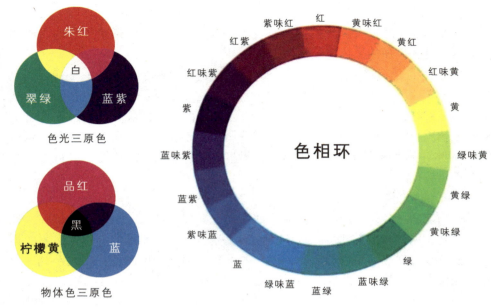

图 2.1-2 色彩模式

3. 色彩对比

色彩对比主要是指明度对比、纯度对比和色相对比。色彩的对比可让设计效果更加美观。

（1）明度对比

恰当的明度对比可以使人产生光感、明快感、清晰感。通常情况下，明暗对比较强时，可以使页面清晰、锐利，不容易出现误差，而当明度对比较弱时，配色效果往往不佳，页面会显得柔和、单薄，形象不够明朗。

（2）纯度对比

纯度对比是指利用纯度的强弱形成对比。纯度较弱的对比画面视觉效果也就较弱，适合长时间查看；纯度适中的对比画面效果最和谐、丰富，可以凸显画面的主次；纯度越强的对比画面越鲜艳明朗、富有生机。

4. 网页设计配色

色彩搭配既是一项专业技术性工作，又是一项艺术性很强的工作，因此，设计者在设计网页时，需要遵循一定的艺术规律，掌握以下几个原则。

（1）色彩的鲜明性

一个网站的配色必须有自己的独特风格，这样才能给浏览者留下深刻的印象。

（2）色彩搭配的合理性

网页色彩搭配属于平面设计范畴，但又与平面设计不同，它既要遵循艺术规律，又要考虑人们的生理特点。色彩搭配合理，会给人和谐、愉快的感觉。

（3）色彩的艺术性

网页设计也是一种艺术活动，因此必须遵循艺术规律，在考虑到网站本身特点的同时，按照内容决定形式的原则，大胆进行艺术创新，设计出既符合网站要求又有艺术特色的网站。

任务2.2 了解版式布局

1. 认识三大基本构图元素

平面构成的三大基本要素是点、线、面。这三大元素看起来非常简单，却是设计中必不可少的基础。它们的运用和组合，能够产生各种空间视觉形象，决定平面设计构成的美感。

（1）点

在平面设计中点是以形象存在的。点是力的中心，当画面中只有一个点时，人们的视线就会集中在这个点上，因此，点在画面空间中，具有张力作用。

（2）线

线是点的运动轨迹，点的大小决定线的形态。平面设计中，虽然线由点得来，但线的存在有其不可替代性，多种多样的线条能让平面设计更有条理感。

（3）面

面由线构成，体现了充实、厚重、整体、稳定的视觉效果，比线和点带给人的感受更有冲击力，来得更强烈。

2. 页面布局的基本原则

网店页面主要由文字与图片组合而成。在掌握页面布局方式前，需要先掌握以下4个网店布局的基本原则。

① 主次分明，中心突出。
② 大小搭配，相互呼应。
③ 简洁一致，紧随时尚。
④ 图文并茂，生动形象。

3. 构图方式

常见的构图方式如图2.2-1所示。

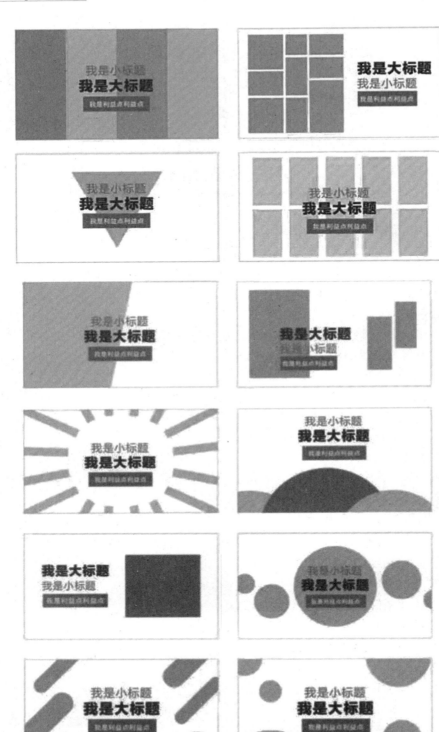

图 2.2-1 常见的构图方式

图 2.2-1　常见的构图方式（续）

任务 2.3　熟练运用文字

文字是人类文化的重要组成部分。无论在何种视觉媒体中，文字和图片都是其两大构成要素。文字排列组合的好坏，直接影响其版面的视觉传达效果。因此，文字设计是增强视觉传达效果、提高作品的诉求力、赋予版面审美价值的一种重要构成技术。在计算机普及的现代设计领域，文字的设计工作很大一部分由计算机代替人脑完成了（很多平面设计软件中都有制作艺术字的引导，并提供了数十甚至上百种的现成字体）。但设计作品所面对的观众始终是人而不是计算机，因此在一些需要涉及人的思维的方面，计算机是始终不可替代人脑来完成的，如创意、审美等。

下面谈一谈在平面设计中文字设计的几条原则及文字组合应注意的几点。

1. 文字设计的原则

（1）可读性

文字的主要功能是在视觉传达中向大众传达作者的意图和各种信息，要达到这一目的必须考虑文字的整体诉求效果，给人以清晰的视觉印象。因此，设计中的文字应避免繁杂零乱，使人易认、易懂，切忌为了设计而设计，忘记了文字设计的根本目的是更好、更有效地传达作者的意图，表达设计的主题和构想意念。

（2）个性色彩

文字的设计要服从作品的风格特征。文字的设计不能与整个作品的风格特征脱离，更不能与之冲突，否则，就会破坏文字的诉求效果。一般来说，文字的个性大约可以分为以下几种：

① 端庄秀丽：这类字体优美清新，格调高雅，华丽高贵。

② 坚韧挺拔：这类字体的造型富于力度，简洁爽朗，现代感强，有很强的视觉冲击力。

③ 深沉厚重：这类字体的造型规整，具有重量感，庄严雄伟，不可动摇。

④ 欢快轻盈：这类字体生动活泼，跳跃明快，节奏感和韵律感都很强，给人一种生机盎然的感受。

⑤ 苍劲古朴：这类字体朴素无华，饱含古韵，能给人一种对逝去时光的回味体验。

⑥ 新颖独特：这类字体的造型奇妙，不同一般，个性非常突出，给人的印象独特而新颖。

（3）视觉美感

在视觉传达的过程中，文字作为画面的形象要素之一，具有传达感情的功能，因而它必须具有视觉上的美感。字形设计良好，组合巧妙的文字能使人感到愉快，并给人留下美好的印象，从而获得良好的心理反应；反之，则影响观众的心情，视觉上难以产生美感，甚至会让观众拒而不看，这样势必难以传达作者想表现出的意图和构想。

（4）独特性

文字设计要根据作品主题的要求，突出文字设计的独特性，创造与众不同的字体，给人别开生面的视觉感受，从而有利于表现作者的设计意图。设计时，应从字的形态特征与组合上进行探求，不断修改，反复琢磨，这样才能创造出富有个性的文字，使其外部形态和设计格调都能唤起人们的审美愉悦感受。

2. 文字组合的注意点

文字设计的成功与否，不仅在于字体自身的书写，同时也在于其运用的排列组合是否得当。如果一件作品中的文字排列不当，拥挤杂乱，缺乏视线流动的顺序，不仅会影响字体本身的美感，而且不利于观众进行有效的阅读，从而难以产生良好的视觉传达效果。要取得良好的排列效果，关键在于找出不同字体之间的内在联系，对其不同的对立因素予以和谐地组合，在保持其各自的个性特征的同时，又取得整体的协调感。为了形成生动而又对比和谐的视觉效果，可以从风格、大小、方向、明暗度等方面选择对比的因素。

但为了达到整体上组合的统一，又需要从风格、大小、方向、明暗度等方面选择协调的因素。将对比与协调的因素在服从于表达主题的需要下有分寸地运用，能得到具有视觉审美价值的文字组合效果。文字组合要注意以下几个方面：

（1）人们的阅读习惯

文字组合的目的是增强其视觉传达功能，赋予审美情感，诱导人们有兴趣地进行阅读。因此在组合方式上就需要顺应人们心理感受的顺序。

水平方向上，人们的视线一般是从左向右流动的；垂直方向上，人们的视线一般是从上向下流动的。大于45°斜度时，人们的视线是从上而下的；小于45°斜度时，人们的视线是从下而上的。

（2）字体的外形特征

不同的字体具有不同的视觉动向。例如，扁体字有左右流动的动感，长体字有上下流动的感觉，斜体字有向前或向斜流动的动感。因此在组合时，要充分考虑不同的字体视觉动向上的差异，而进行不同的组合处理。比如，扁体字适合横向编排组合，长体字适合竖向编排组合，斜体字适合横向或倾向编排组合。合理运用文字的视觉动向，有利于突出设计的主题，引导观众的视线按主次轻重流动。

（3）统一的设计基调

对作品而言，每一件作品都有其特有的风格。在这个前提下，一个作品版面上的各种不同字体的组合，一定要具有一种符合整个作品风格的风格倾向，形成总体的情调和感情倾向，不能各种文字自成一种风格。总的基调应该是整体上的协调和局部的对比，于统一之中又具有灵动的变化，从而具有对比和谐的效果。这样，整个作品才会产生视觉上的美感，符合人们的欣赏心理。除了以统一文字个性的方法来达到设计的基调外，还可以从方向性上形成文字统一的基调，以及通过色彩方面的心理感觉来达到统一基调的效果等。

（4）负空间的运用

在文字组合上，负空间是指除字体本身所占用的画面空间之外的空白，即字间距及其周围空白区域。文字组合的好坏，很大程度上取决于负空间的运用是否得当。行距应大于字间距，否则观众的视线难以按一定的方向和顺序进行阅读。不同类别文字的空间要做适当的集中，并利用空白加以区分。为了突出不同部分字体的形态特征，应留适当的空白，分类集中。在有图片的版面中，文字的组合应相对集中。如果是以图片为主要的诉求要素，那么文字应该紧凑地排列在适当的位置上，不可过分变化分散，以免因主题不明而造成视线流动的混乱。

创意是设计者的思维水准的体现，是评价一件设计作品好坏的重要标准。在现代设计领域，一切制作的程序由计算机代劳，使人类的劳动仅限于思维上，这是好事，省却了许多不必要的工序，为创作提供了更好的条件，但是在某些必要的阶段上，还是不能完全让计算机来做。

任务 2.4 掌握文案撰写技巧

1. 文案基础知识

（1）什么是文案

文案是一种表达工具，运用在营销上，就是对营销策略的一种具象化表达，好的文案能轻松吸引用户来了解你的品牌，最终实现转化。

（2）写给谁看

要根据目标群体来确定营销文案的调性。在不同平台/渠道发布的文案，要注意调整好风格，增加吸引力。

2. 文案撰写技巧

（1）夸张

夸张的手法是将产品的特征凸显出来，迅速给用户留下印象，激发用户了解产品的欲望。

特征选择（卖点）：选择产品或活动的某个特征，优先选择能和竞品产生明显差异化对比的特征。

特征放大或缩小：对特征的形象或作用进行放大或缩小，让用户得到震撼感。

（2）对比

对比是常见的修辞手法，用比较的方法对某个特征加以描述，展示出其对立面，从而强调卖点。用结构相同或者相似的短句，分别表达两种近乎完全对立的意思，并引导到卖点。

不同的事物进行对比：用两个存在于同一个场景，但特征和作用不同的事物进行对比。

同事物对立面对比：用同一个事物的两个完全相反的特征或作用进行对比，如"多与少""深与浅"等。

（3）形象类比

用外观、结构、功能相似或相近的事物做参照，先让用户快速产生大概的印象，再阐述它的特点，从而给用户留下深刻的印象。先用部分特征相似且大众熟悉的事物做切入引导，再强调产品特有的卖点。

找到外观、结构、功能相似或相同的事物：这个技巧也可以应用在物品的命名上，给物品起拟人或者拟物的名字，让人产生联想。

强调自身的特点：引出大众的熟悉感后，再强调产品的特点，让产品形象更加立体。

（4）叠字

叠字的手法运用在于能"洗脑"，重复某个关键字，让句子读起来朗朗上口，既便于传播，也能加深记忆。找到某个容易上口的字或词，在两个或两个以上的短句中重复。

找到重复点：一个字或者一个词。

在 2~4 个短句中重复：整段语言保持在 4 个短句内，让文案和诗歌一样读起来朗朗上口，这样更易于传播。

（5）行动指令

营销的最终目的是实现用户的转化，也就是让用户使用产品或者参与活动，所以在文案上，直接告诉用户怎么做，更清晰明了。先给一个场景或问题，再给用户一个解决的方法。

提出场景或问题：选择大众熟悉且产品能对应解决的问题。

用"产品+行动"的方式给出解决方案：动作要尽量简单不复杂。

项目巩固

一、填空题

1. 网页设计配色的几个原则：_____、_____、_____。

2. 文字设计的原则包括_____、_____、_____。

3. 文字的组合应注意_____、_____、_____。

4. 文案撰写技巧包括_____、_____、_____、_____。

5. 使用"叠字"的方法有_____和_____。

二、名词解释

1. 色相：_____。

2. 明度：_____。

3. 饱和度：_____。

4. 形象类比：_____。

5. 行动指令：_____。

模块二 首页设计与制作

项目 3

PC 端店铺首页设计与制作

项目目标

◎ 知识目标
- 了解 ITMC（电子商务模拟系统）网店设计基础及要点；
- 了解不同品类网店设计的要点和设计内容；
- 掌握网店美工的基础知识；
- 了解网店装修的相关注意事项和要求。

◎ 能力目标
- 掌握 Photoshop 各种功能结合使用的方法；
- 能够使用 Photoshop 制作网店的店标、店招、banner、主图及详情页等内容；
- 了解色彩搭配的原理；
- 掌握色彩搭配的技巧。

◎ 素养目标
- 建立网上开店创业的理念，培养学生网上开店的动手能力；
- 学会对产品与产品市场的特征进行分析，懂得与网络供货商的沟通要领及事项；
- 能够正确选择自己的网店风格，更好地提高用户体验，使自己的网店别具一格，提高网店的服务品质；
- 诚信经营，遵纪守法，具备突破陈旧、大胆创新的意识，拥有良好心态，能合理调节创业心理压力，具备团队合作意识和领导管理能力。

项目重点

- 根据不同类型网店设计的要点进行内容设计；
- 掌握网店装修设计规范与要求。

项目难点

- 掌握色彩搭配的技巧；
- 熟练运用所学知识进行平面设计、图像处理。

项目要点

1. 店铺首页的功能

店铺首页主要是为了展示商品、树立品牌形象、展示促销信息和优惠活动，从而达到引流的效果。

2. 店铺首页的布局要点

① 店铺首页的风格要以店铺定位为中心，统一风格。
② 在排列商品时要根据商品的实际销售情况和点击率进行布局。
③ 活动海报要清晰、醒目，要让消费者一眼就能够了解活动的内容、时间等主要信息。
④ 各结构板块之间的布局要详略得当、清晰明了。
⑤ 在制作首页的导航栏时，各商品类目要清晰明了。

3. 店铺首页的设计要点

（1）logo

logo作为店铺最重要的标志之一，具有清楚、易记、一目了然的特点。可通过店铺的定位、商品的分类、消费者的喜好等进行设计。

（2）店招与导航

店招的设计不仅要凸显店铺的特色，还要清晰地传达品牌的视觉定位；在进行导航设计时，则需要将店铺中商品的种类显示出来，同时做好商品的引流。

（3）轮播海报

轮播海报需要通过色彩、版式、字体、形状、营销等综合因素来营造视觉印象，它的内容不仅要有较强的视觉影响力，还要突出商品的特点和卖点。

（4）店铺优惠活动区域

店铺优惠活动区域主要用来展示店铺当前的优惠活动，如优惠券、满减、打折等，一般多个活动可并列存在。

（5）商品分类区

在设计分类时，为了更好地发挥分类区的作用，需要从店铺的装修风格、分类图像的大小和分类方式等方面进行分类。

（6）商品促销展示区

商品促销展示区的设计风格应该与店铺整体风格保持一致，在主推商品的设计上要注意如何突出店铺的风格主题和如何展示主打系列商品，增强品牌吸引力。从营销目的出发，商品促销展示区需要提炼功能卖点，直击消费者痛点，吸引其注意力。

（7）页尾

页尾不仅需要对首页进行总结，还可以添加分类信息，使其与店招和导航栏对应，这样当消费者需要重新进行浏览时才会更加方便。

4．各平台软件 PC 端店铺首页设计尺寸与要求

（1）淘宝

① 路径：【卖家中心】→【店铺装修】→【PC 端】→【首页】。

② 尺寸：图片轮播和全屏轮播宽 1 920 像素，高不大于 540 像素，店招尺寸为 950 像素×120 像素。

（2）1+X 网店运营推广软件

① 建议店招尺寸：950 像素×120 像素。

② 建议店标（logo）尺寸：180 像素×70 像素。

（3）ITMC 网店开设与装修实训软件

制作一张尺寸为 230 像素×70 像素、大小不超过 150 KB 的图片作为店标；PC 端店铺不制作店招。店标和店招大小适宜、比例精准、没有压缩变形，能体现店铺所销售的商品特性，设计独特，具有一定的创新性。

任务 3.1 设计并制作店标

1．任务要求

本任务要求设计并完成 PC 端店铺首页的店标制作。在 ITMC 中，店标设计需遵循一定的原则，具体如下：

① 选择合适的店标素材。

② 让店标过目不忘。

③ 凸显店铺的独特性质。

④ 统一性。

2．效果展示

要完成的店标效果图如图 3.1-1 所示。

图 3.1-1　店标效果图

3. 操作步骤

步骤 1　启动 Photoshop CS6，新建大小为 230 像素×70 像素、分辨率为 72 像素/英寸（1 英寸=2.54 厘米）、颜色模式为 RGB 颜色、背景内容为白色的文件，如图 3.1-2 所示。

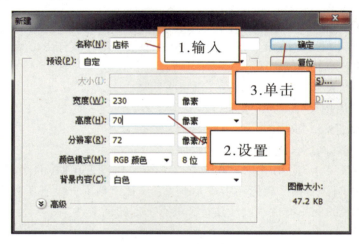

图 3.1-2　新建图像文件

步骤 2　选择"横排文字工具"，输入标题"ChuXin"，设置标题格式为微软雅黑、48 点、黑色、加粗。

步骤 3　选择"横排文字工具"，输入标题"天生爱运动"，设置标题格式为华文新魏、20 点、黑色，如图 3.1-3 所示。

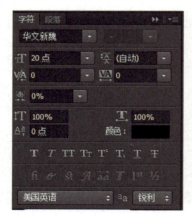

图 3.1-3　设置标题格式

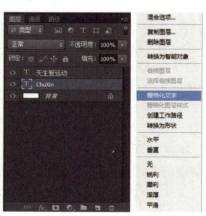

图 3.1-4　栅格化文字

步骤4 选中"ChuXin"图层,单击鼠标右键,在弹出的快捷菜单中选择"栅格化文字"命令,对文字进行栅格化操作,如图3.1-4所示。

步骤5 选择"椭圆选框工具",圈选字母"i"上方的点,按【Delete】键进行选区删除。使用相同的方法对"运"字上的"、"进行选区删除,效果如图3.1-5所示。

图 3.1-5　选区删除

步骤6 单击"自定义形状工具",在工具选项栏中单击"形状"旁下拉三角形，在弹出的下拉列表框中单击改选框，选择"全部"选项,单击"追加"按钮,选择"皇冠5"进行选区绘制,如图3.1-6所示。

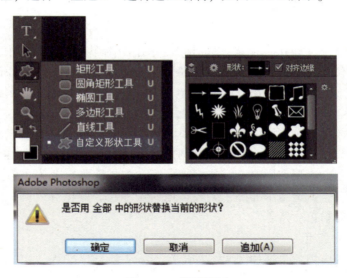

图 3.1-6　选区绘制

步骤7 分别选择皇冠和椭圆形,填充颜色#e60012,效果如图3.1-7所示。

图 3.1-7　绘制皇冠和椭圆形

步骤8 选择"单行选框工具",单击背景图层,按住【Shift】键依次绘制多条单行线,前景色选择#f6ed03,按【Alt】+【Delete】组合键填充前景色,按【Ctrl】+【D】组合键取消选区，效果如图 3.1-8 所示。

图 3.1-8　绘制单行线并填充

4. 任务训练

① 模仿制作店标。
② 结合自身网店产品，设计并制作 PC 端店铺首页的店标。

任务 3.2　设计并制作店招

1. 任务要求

本任务要求设计并完成 PC 端店铺首页的店招制作。在 ITMC 中，店招即店铺的招牌，位于店铺首页最顶端，用来对店铺进行定位。就 ITMC 而言，只有移动端店铺才需要制作店招，PC 端和跨境端则不需要制作店招。制作时要求店招尺寸为 642 像素×200 像素，大小不超过 200 KB。

店招的风格引领着网店的风格，而网店的风格在很大程度上取决于网店所经营的商品。一般而言，一个完整的网店要求店招、商品、网店具有统一的风格。同一行业的店招在用色上需要多加研究，如护肤品行业为了彰显商品的天然，突出洁净、清透与水润感，会较多地使用绿色、蓝色等色调，同时也会选择女性钟爱的粉色、紫色。

2. 效果展示

要完成的店招效果图如图 3.2-1 所示。

图 3.2-1　店招效果图

3. 操作步骤

步骤 1 启动 Photoshop CS6，新建大小为 642 像素×200 像素、分辨率为 72 像素/英寸、颜色模式为 RGB 颜色、背景内容为白色的图像文件。

步骤 2 打开"素材 1"，按【Ctrl】+【J】复制图层，选择"移动工具"，移动该图层至"移动端运动网店店招"中并调整其位置。选择"减淡工具" ，在属性栏中设置画笔的大小为 280 像素，单击减淡部分区域，效果如图 3.2-2 所示。

图 3.2-2　制作背景

步骤 3 选择"横排文字工具" ，在属性栏中设置文本格式为华文隶书、仿斜体、42 点、#482b35，如图 3.2-3 所示，在网球拍左侧输入文字"运动让生活更美好"。

步骤 4 双击文本图层，打开"图层样式"对话框，选中"渐变叠加"复选框，设置渐变颜色分别为 #521a1a、#dcb2b2 和 #501212，角度为 0 度，如图 3.2-4 所示。

步骤 5 返回窗口，查看添加"渐变叠加"的文本效果。选择"横排文字工具"，在文本下方输入两排文字，设置第一排文字的格式为方正粗黑宋简体、22 点、#44392a，设置第二排文字的格式为方正粗黑宋简体、14 点、#342b1f。添加并调整店招的大小和位置，完成移动端店招的设计。

图 3.2-3　输入文字

4. 任务训练

① 模仿制作店招。

② 结合自身网店产品，设计并制作移动端店铺首页的店招。

③ 结合样图"网球"，设计并制作移动端店铺首页的店招。

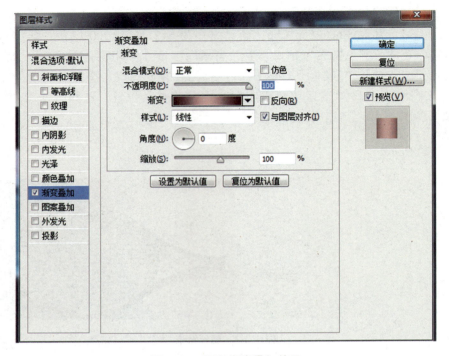

图 3.2-4　添加渐变叠加效果

任务 3.3　设计并制作导航条

1. 任务要求

本任务要求设计并完成移动端首页店招导航条的制作。根据 ITMC 移动端导航条操作要求,以运动类目为内容,完成相关制作。

店招的下方就是导航条。导航条是网店的重要组成部分,是对网店层次结构的分类和罗列。消费者单击导航条中的相关分类,即可快速访问对应的页面。导航条一般包含首页和其他分类栏目的导入链接,能清晰地反映网店的核心经营内容,可以帮助消费者深入了解网店的定位和主营业务。网店美工要在网店经营业务和内容划分原则的基础上,按照要求设计和制作导航条。

① 导航条要与店招的风格和颜色相互呼应,保证视觉效果的统一。

② 导航条的长度有限,因此每个导航条栏目的内容要简洁,否则容易造成栏目内容拥挤,不利于消费者查看。

③ 导航条栏目内容的颜色要与背景色形成鲜明对比,以便消费者查看并点击浏览对应的页面。

导航条的内容主要包括所有分类、点击首页、必买清单等,在视觉设计上应直接选用店招的主色和辅色来保证整个设计风格的统一。

结合上一个任务，设计并制作导航条。

2．效果展示

要完成的导航条效果图如图 3.3-1 所示。

图 3.3-1　导航条效果图

3．操作步骤

步骤 1　启动 Photoshop CS6，打开素材文件夹中的"移动端运动网店店招.psd"，选择【图像】→【画布大小】，打开"画布大小"对话框，在"定位"项中选择方向"↓"，宽度和高度均按如图 3.3-2 所示进行设置，设置完后单击"确定"按钮。

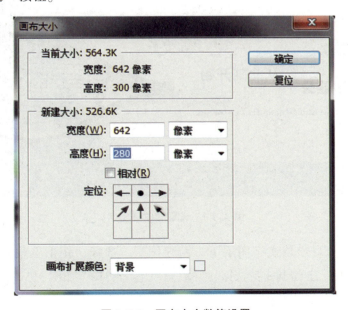

图 3.3-2　画布大小数值设置

步骤2 新建图层,设置前景色为#20d8f0,选择"矩形选框工具" ,在店招图形最下方绘制矩形选区,按【Alt】+【Delete】组合键填充前景色,用作导航条,如图3.3-3所示。

图3.3-3 绘制导航条

步骤3 选择"横排文字工具" ,在工具属性栏中设置文本格式为方正姚体、24点、#ffffff,在导航条上依次输入如图3.3-4所示的文字,再按如图3.3-4所示绘制白色竖线,打开"字符"面板,单击"方粗体"按钮 ,对文字进行加粗处理。

图3.3-4 设置导航条文字

步骤4 在导航条文字图层下方新建图层,选择"矩形选框工具" ,在"新品秒发"上绘制矩形选区,并填充颜色#c4f318,如图3.3-5所示。

项目 3
PC 端店铺首页设计与制作

图 3.3-5 绘制选区并填充

知识拓展

在对网店商品进行分类时，要把握如下原则：若网店中同款商品的库存数量较多，应尽量细分；若库存数量不多，则应尽量简洁，否则将影响消费者的购物体验。对于网店主推的销量大或人气较高的商品，可以单独做一个商品集合页，并作为一个分类放在导航条上，如"热卖爆款""2022 新品""现货秒发""清仓大促"等。

4．任务训练
① 模仿制作导航条。
② 结合自身网店产品，设计并制作 PC 端店铺首页的导航条。

任务 3.4 设计并制作焦点图

1．任务要求
本任务要制作以水果为主体的焦点图。在制作时，需要先构建焦点图的背景。
商品详情页的焦点图一般位于商品基础信息的下方，是为推广该款商品而设计的海报，其作用是吸引消费者购买该商品，其制作方法与首页海报设计方法相似。

2．效果展示
要完成的焦点图效果图如图 3.4-1 所示。

图 3.4-1　焦点图效果图

3. 操作步骤

这里以黄色为主色调，添加菠萝图片，让整个画面清新、自然，再添加说明性艺术文字，使其更加美观，进而提升商品的吸引力，其具体操作步骤如下：

步骤 1　新建大小为 750 像素×1 000 像素、分辨率为 72 像素/英寸、颜色模式为 RGB 颜色、背景内容为白色，名为"菠萝焦点图"的文件。

步骤 2　选择"钢笔工具"，在工具属性栏中设置"工具模式"为"形状"，设置"填充色"为"#f5d559"，在新建文件中绘制如图 3.4-2 所示的形状。

步骤 3　双击形状图层，打开"图层样式"对话框，选中"渐变叠加"复选框，设置"渐变"为"#f4d965—#f4b539"，"角度"为"0"，单击"确定"按钮，此时可发现所绘制形状的颜色发生变化，效果如图 3.4-3 所示。

步骤 4　打开素材文件夹中的"菠萝.jpeg"，将其拖曳到"菠萝焦点图.psd"文件中，调整其大小和位置，效果如图 3.4-4 所示。

项目 3
PC 端店铺首页设计与制作

图 3.4-2　绘制形状　　　图 3.4-3　添加渐变叠加　　　图 3.4-4　添加素材

步骤 5　选择"菠萝"所在图层，按【Ctrl】+【J】组合键复制图层，在"设置图层的混合模式"下拉列表中选择"滤色"选项，为文件添加滤色效果。

步骤 6　新建图层，设置前景色为#dc6f13，选择"画笔工具"，在工具属性栏中设置"画笔样式"为"喷溅 27 像素"、"大小"为"67 像素"，在菠萝上方进行涂抹以制作横条，如图 3.4-5 所示。

图 3.4-5　制作横条

步骤 7　选择"横排文字工具"，在工具属性栏中设置字体为华文琥珀、颜色为#ffffff，分别输入文字"爽脆多汁 香味浓郁"（字号为 45 点）和"情醉菠萝的海"（字号为 82 点），对文字图层变换选区，调整位置，效果如图 3.4-6 所示。

图 3.4-6 输入文字

步骤8 双击"情醉菠萝的海"图层,打开"图层样式"对话框,选中"描边"复选框,在右侧面板中设置"大小"为"12 像素"、"颜色"为"#8fa626",单击"确定"按钮,查看添加描边后的效果,参数设置如图 3.4-7 所示。

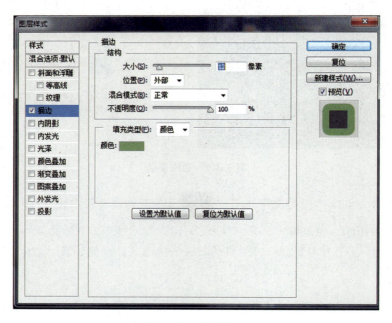

图 3.4-7 添加描边

步骤9　再次选择"横排文字工具" ，在工具属性栏中设置文本格式为华文彩云、28点、#ffffff，输入文字"味美多汁 营养丰富 百果佳味"，调整文字的位置，如图3.4-8所示。

步骤10　新建图层，设置前景色为#ffe152，选择"钢笔工具" ，在工具属性栏中设置"工具模式"为"路径"，在焦点图下方绘制如图3.4-9所示的形状，按【Ctrl】+【Enter】组合键将路径转换为选区，再按【Alt】+【Delete】组合键填充选区，效果如图3.4-9所示。

图3.4-8　排版文字

图3.4-9　绘制形状

步骤11　选择形状所在图层，单击"添加图层蒙版"按钮，选择"画笔工具" ，在工具属性栏中设置"画笔样式"为"干画笔尖浅描"、"大小"为"150像素"，如图3.4-10所示，在焦点图下方形状上拖曳以制作斑点效果，效果如图3.4-11所示。

图 3.4-10 设置斑点画笔参数

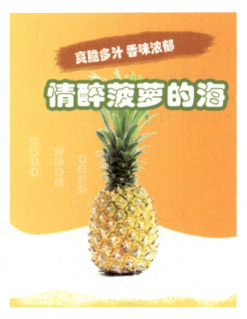

图 3.4-11 斑点效果

步骤 12 调整"菠萝"的位置,选择"横排文字工具" ，在工具属性栏中设置文本格式为华文彩云、48 点、加粗、#f5bb40,输入文字"Xu wen Pineapple",调整文字的位置。单击"调整"下的"色阶"按钮，打开"色阶属性"面板,设置色阶值为 30、0.80、240,如图 3.4-12、图 3.4-1 所示。

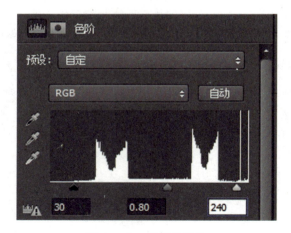

图 3.4-12 设置色阶值

知识拓展

商品详情页焦点图与首页海报的不同之处在于，焦点图的主题是商品展示，具体就是通过略微夸张的表现方式，呈现商品的整体形象及主要卖点或商品理念，以极具视觉冲击力的画面吸引消费者的视线，给消费者带来视觉愉悦感，从而增强消费者继续浏览商品的兴趣。焦点图中的视觉组成包含文案、背景、商品图片或模特，网店美工在设计时应注意以下几点：

① 由于详情页页面的宽度有限，焦点图的画面一般应为上下构图。

② 焦点图中最好只有一个商品主体，商品主体要呈现在画面中的焦点位置。若有其他装饰物，则应尽量减小装饰物所占用的空间，以免模糊主体。

③ 焦点图中的文案要以展示商品特点为主，主要包括标题文案和描述性文案。标题文案的内容应尽量简短、干练，字体要大且有创意，以辅助展示商品的特点并吸引消费者的视线。描述性文案的内容可稍多一些，注意文字不要遮挡画面中的视觉元素，一般位于页面顶部、侧面或底部。

4. 任务训练

① 模仿制作焦点图。

② 结合自身网店产品特色，设计并制作焦点图。

任务 3.5 设计并制作分流导航区

1. 任务要求

本任务要制作以水果为主体的分流导航区。在制作时，需要制作商品分类，以丰富的首页分类导航层级，更好地引导消费者找到所需商品。

首页中的商品分类一般以标签的形式呈现，即"分类图标+文字"的组合形式。商品分类的视觉表现主要体现在分类的布局与分类图标的设计两个方面。

2. 效果展示

要完成的生态果园分流导航区的效果图如图 3.5-1 所示。

图 3.5-1　生态果园分流导航区效果图

3．操作步骤

步骤 1　新建大小为 1 920 像素×1 600 像素、分辨率为 72 像素/英寸、颜色模式为 RGB 颜色、背景内容为白色、名为"生态果园分流导航区"的图像文件。

步骤 2　选择"椭圆工具"，在商品分类文件的中间区域绘制三个大小分别为 500 像素×500 像素、270 像素×270 像素、240 像素×240 像素的正圆。在圆形图层下方，再次选择"椭圆工具"，绘制 570 像素×570 像素的正圆，在工具属性栏中取消填充，设置"描边"颜色为 #778a59、宽度为 4 点，在"描边选项"下拉列表中选择第二种选项，将填充的圆修改为虚线效果，如图 3.5-2 所示。

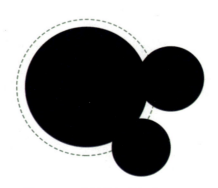

图 3.5-2　绘制圆与圆的虚线效果

步骤3 将素材文件夹中的"水果""菠萝""柠檬"图片拖曳至圆的上方,按【Ctrl】+【Alt】+【G】组合键创建剪贴蒙版,调整图片的位置,如图3.5-3所示。

步骤4 选择"矩形工具" ▭ ,在水果左侧绘制大小为80像素×400像素、颜色为#778a59的矩形。选择"直排文字工具" ↓T,在工具属性栏中设置文本格式为微软雅黑、48点、#ffffff,在绘制的矩形中输入文字"与四季优果结缘",在矩形右侧输入文字"与舌尖美味有缘",设置颜色为#778a59;在矩形左侧输入"多彩'果'世界,新鲜好滋味",设置字号为33点,调整文字的位置,效果如图3.5-4所示。

图3.5-3 创建剪贴蒙版

步骤5 选择"自定义形状工具" ,在工具属性栏中设置填充色为#c9d0be,在"形状"下拉列表中选择"溅泼" 选项,然后绘制形状,效果如图3.5-4所示。

图3.5-4 绘制"溅泼"形状

步骤6 选择"矩形工具" ▭ ,在水果下方绘制1 920像素×720像素的矩形,设置填充色为#778a59。选择"横排文字工具" T,设置文本格式为微软雅黑、66点、#ffffff,在矩形内输入"四季 果香",再在其下方输入"四季优果,只卖应季应时优质鲜美水果",设置字号为40点,调整文字的位置。

步骤7 选择"矩形工具" ▭ ,在"四季 果香"两侧绘制颜色为#ffffff、大小不一的矩形,用于提高画面的美观度,效果如图3.5-5所示。

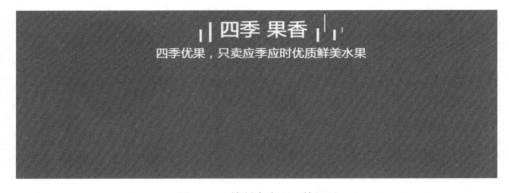

图 3.5-5 绘制大小不一的矩形

步骤 8 选择"圆角矩形工具" ，在文字下方绘制 300 像素×300 像素的圆角矩形，并设置填充色为#ffffff，按住【Alt】键，向右拖曳复制圆角矩形，效果如图 3.5-6 所示。

图 3.5-6 复制圆角矩形

步骤 9 选择"椭圆工具" ，在文字下方绘制 270 像素×270 像素的正圆，在工具属性栏设置填充色为#ffffff、描边宽度为 3 点，按住【Alt】键，向右拖曳复制正圆。将素材文件夹中的"猕猴桃""橘子""菠萝""柠檬"图片拖曳至圆的上方，按【Ctrl】+【Alt】+【G】组合键创建剪贴蒙版，调整图片的位置，效果如图 3.5-7 所示。

项目 3
PC 端店铺首页设计与制作

图 3.5-7 创建剪贴蒙版

步骤 10 双击正圆图层，打开"图层样式"对话框，选中"投影"复选框，设置颜色为#828480、距离为 10 像素、扩展为 23%、大小为 6 像素，单击"确定"按钮，复制圆对应的图层样式，将其应用到其他圆中。

步骤 11 选择"横排文字工具" ，在工具属性栏中设置文本格式为微软雅黑、40 点、#586741，在圆角矩形内输入文字"热卖推荐榜""水果人气榜""健康时尚榜""时令水果榜"，调整文字的位置。选择"直线工具"，在文字下方绘制颜色为#8a59 的直线。选择"自定义形状工具"，在工具属性栏中设置填充色为#c9d0be，在"形状"下拉列表中选择"溅泼"选项，然后在圆角矩形的下方绘制所选择的形状，效果如图 3.5-8 所示。

图 3.5-8 输入文字

4. 任务训练
① 模仿制作水果分流导航区。
② 结合自身网店产品特色，设计并制作分流导航区。

任务 3.6 设计并制作商品促销模块

1. 任务要求

本任务要求制作以"促销活动"为主题的商品促销模块。

在制作时需注重对促销信息的描述,要在图片中尽量表现促销活动的吸引力(各种促销手段),体现促销主题,表明促销活动时间等信息。

2. 效果展示

要完成的商品促销模块效果图如图 3.6-1 所示。

图 3.6-1　商品促销模块效果图

3. 操作步骤

首先制作炫彩的背景,其次添加促销信息及商品说明,完成后的效果不仅色彩对比明显,而且十分美观,具体操作步骤如下:

步骤 1　新建大小为 800 像素×800 像素、分辨率为 72 像素/英寸、颜色模式为 RGB 颜色、背景内容为白色、名为"橘子宝贝促销"的文件。

步骤 2　设置前景色为#f09802,按【Alt】+【Delete】组合键填充前景色。选择"矩形工具"　　,在工具属性栏中设置填充色为#ffffff,在图片下方绘制 750 像素×750 像素的矩形,效果如图 3.6-2 所示。

图 3.6-2 绘制矩形

步骤 3 按【Ctrl】+【T】组合键,使图形呈自由变换状态,将鼠标指针移动到矩形右上角呈弯曲状态时向右拖曳选择矩形,使其倾斜显示。打开图层面板,选择绘制的矩形,将"不透明度"设置为"40%",效果如图 3.6-3 所示。

图 3.6-3 调整矩形并设置不透明度值

步骤 4 选择"矩形工具" ,在工具属性栏中设置填充色为#f07d02,在图片下方绘制大小为 820 像素×780 像素的矩形。按【Ctrl】+【T】组合键,使图形呈自由变换状态,将鼠标指针移动到矩形右上角呈弯曲状态时向左拖曳选择矩形,使其倾斜显示,效果如图 3.6-4 所示。

步骤 5 选择"矩形工具" ,在工具属性栏中设置填充色为#ffffff,在图片下方绘制大小为 816 像素×816 像素的矩形。按【Ctrl】+【T】组合键,使图形呈自由变换状态,将鼠标指针移动到矩形右上角呈弯曲状态时向左拖曳选择矩形,使其倾斜显示,效果如图 3.6-5 所示。

图3.6-4 绘制橙色矩形

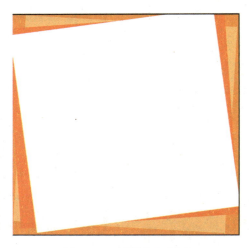
图3.6-5 绘制白色矩形

步骤6 打开素材文件夹中的"橘子"图片,将其拖曳至白色矩形的左侧,调整图片的大小和位置。打开图层面板,选择"橘子"所在图层,右击鼠标,在弹出的快捷菜单中选择"创建剪贴蒙版"命令,可将"橘子"图片置入矩形中,效果如图3.6-6所示。

图3.6-6 添加素材到矩形中

图3.6-7 绘制形状

步骤7 选择"自定义形状工具" ,在工具属性栏中设置填充色为#e60012,在"形状"下拉列表中选择"封印"选项,返回图片编辑区,在白色矩形左上角绘制所选形状,效果如图3.6-7所示。

步骤8 选择"横排文字工具",在工具属性栏中设置文本格式为幼圆、70点、#fff799,在所绘制的图形中输入文字"爆",旋转调整文字的位置,效果如图3.6-8所示。

图 3.6-8　输入文字　　　　　　　图 3.6-9　绘制矩形

步骤 9　选择"横排文字工具"，在工具属性栏中设置文本格式为方正舒体、80 点、#f07d02，在所绘制的图形中分别输入文字"巴塘蜜橘""新鲜采摘 口感香甜"，并将"新鲜采摘 口感香甜"的字号改为 38 点，按【Ctrl】+【T】组合键旋转调整文字的位置。

步骤 10　选择"圆角矩形工具"，在工具属性栏中设置填充色为 #f07d02，在图片中绘制 281 像素×393 像素的圆角矩形，按【Ctrl】+【T】组合键使其呈自由变换状态，然后进行旋转操作，效果如图 3.6-9 所示。

步骤 11　选择"椭圆工具"，在工具属性栏中设置填充色为 #ffffff，在圆角矩形上方绘制 16 像素×16 像素的正圆，按住【Alt】键，依次拖曳复制正圆在圆角矩形的四个角上，效果如图 3.6-10 所示。

图 3.6-10　绘制圆角矩形四个角上的正圆

步骤12 选择"横排文字工具" ，在工具属性栏中设置文本格式为华文新魏、50点、#ffffff，输入文字"10点秒杀"，按【Ctrl】+【T】组合键使其呈自由变换状态，然后旋转调整文字的位置，效果如图3.6-11所示。

图3.6-11 输入文字

图3.6-12 绘制圆角矩形

步骤13 选择"圆角矩形工具"，在工具属性栏中设置填充色为#ffffff，在图片中绘制196像素×46像素的圆角矩形，按【Ctrl】+【T】组合键使其呈自由变换状态，然后进行旋转操作，效果如图3.6-12所示。

步骤14 选择"横排文字工具"，在工具属性栏中设置文本格式为隶书、40点、#f07d02，输入文字"满50包邮"，按【Ctrl】+【T】组合键使其呈自由变换状态，然后旋转调整文字的位置。选择"直线工具"，在圆角矩形两侧绘制颜色为#ffffff的直线。

步骤15 选择"矩形工具"，在工具属性栏中设置填充色为#ffffff，在图片下方绘制214像素×108像素的矩形。按【Ctrl】+【T】组合键，使图形呈自由变换状态，将鼠标指针移动到矩形右上角呈弯曲状态时向左拖曳选择矩形，使其倾斜显示。

步骤16 打开图层面板，单击"添加图层蒙版"按钮，为矩形添加图层蒙版，设置前景色为#000000，选择"多边形套索工具"，沿着矩形的左上角绘制三角形区域，沿着右下角绘制三角形区域，按【Alt】+【Delete】组合键填充选区，效果如图3.6-13所示。

项目 3
PC 端店铺首页设计与制作

图 3.6-13　绘制并填充选区

步骤 17　选择"横排文字工具" T ，先在工具属性栏中设置文本格式为黑体、24 点、#313131，在矩形中输入文字"领优惠券"；再在工具属性栏中设置文本格式为黑体、43 点、#f07d02，在矩形中输入文字"8 折起"，分别按【Ctrl】+【T】组合键使其呈自由变换状态，然后旋转调整文字的位置。

步骤 18　选择"横排文字工具" T ，在工具属性栏中设置字体为微软雅黑，在圆角矩形下方输入文字"低至 19.9"，将"低至"的字号改为 26 点，将"19.9"的字号改为 59 点，颜色均为#ffffff，按【Ctrl】+【T】组合键使其呈自由变换状态，然后旋转调整文字的位置，效果如图 3.6-1 所示。

4．任务训练

① 模仿制作橘子宝贝促销模块。

② 结合自身网店产品特色，设计并制作宝贝促销模块。

任务 3.7　设计并制作收藏区与客服模块

1．任务要求

本任务要制作"收藏区与客服"页尾模块。

页尾位于网店首页的最后一屏，一般用于放置网店的收藏区、手机网店的二维码、礼品或抽奖活动、购物须知和网店公告等内容。其目的在于加强品牌记忆，给消费者以购物安全感，期待消费者能再次光临。本任务将从消费者浏览网店的便利度与购物的常见问题出发，制作网店的页尾模块。

2. 效果展示

要完成的"收藏区与客服"页尾模块效果图如图 3.7-1 所示。

图 3.7-1 "收藏区与客服"页尾模块效果图

3. 操作步骤

在制作时,以商品为背景,通过文字的描述和简单的分割线使页尾与前面制作的页面更加统一,其具体操作步骤如下:

步骤 1 新建大小为 1 920 像素×260 像素、分辨率为 72 像素/英寸、颜色模式为 RGB 模式、背景内容为白色、名为"页尾"的文件。

步骤 2 打开"水果"素材,将其背景拖至新建文件中,调整其大小和位置。选择"矩形工具"，在工具属性栏中设置填充色为#ffffff,在页尾文件中间绘制 4 个大小均为 145 像素×260 像素的矩形。打开图层面板,设置"不透明度"为 50%。

步骤 3 再次选择"矩形工具"，在工具属性栏中设置填充色为 #242923,在页尾 4 个矩形右侧绘制 256 像素×260 像素的矩形,效果如图 3.7-2 所示。

图 3.7-2 绘制矩形

步骤 4 选择"直排文字工具"，在工具属性栏中设置文本格式为华文彩云、78 点、#ffffff,在页尾最后一个矩形框中输入文字"收藏",调整文字的位置。

步骤 5 选择"横排文字工具"，在工具属性栏中设置文本格式为华文琥珀、20 点、#ffffff,在"收藏"二字的中间输入"SI JI GUO SHU";选择"直排文字工具"，在工具属性栏中设置字号为 46 点、颜色为#638159,在页尾中间 4 个矩形框中分别输入文字"新品发布""活动专区""热销爆款""返回首页",效果如图 3.7-3 所示。

图 3.7-3　输入文字

步骤 6　双击竖排文字图层,打开"图层样式"对话框,选中"描边"复选框,设置大小为 3 像素、颜色为#ffffff,单击"确定"按钮,完成后为其他竖排文字添加图层样式或复制样式。

步骤 7　新建大小为 80 像素×80 像素的文件,设置前景色为#000000,按【Alt】+【Delete】组合键填充,选择【滤镜】→【杂色】→【添加杂色】命令,在"添加杂色"对话框中设置"数量"为"77%",选中"单色"复选框,如图 3.7-4 所示;选择【滤镜】→【像素化】→【马赛克】命令,在"马赛克"对话框中设置"单元格大小"为"2 方形",如图 3.7-5 所示;选择【图像】→【调整】→【阈值】命令,在弹出的"阈值"对话框中设置"阈值色阶"为"128",单击"确定"按钮,如图 3.7-6 所示。

图 3.7-4　添加杂色

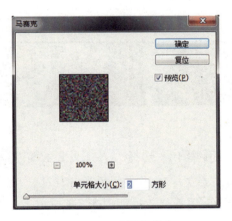

图 3.7-5　设置马赛克

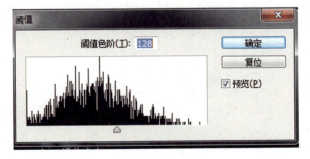

图 3.7-6　设置阈值色阶

步骤8 按【Shift】键，绘制三个矩形，并调整颜色，分别为黑、白、黑，依次叠在一起，分别对黑、白、黑三个图层做"栅格化图层"操作，按【Ctrl】+【E】组合键合并图层，按【Alt】键依次拖至右上角和左下角，效果如图 3.7-7 所示。

图 3.7-7 制作二维码

步骤9 将二维码图层拖至"页尾"文件中并放置在合适的位置，效果如图 3.7-8 所示。

图 3.7-8 添加二维码

步骤10 选择"直排文字工具" ，在工具属性栏中设置字体为微软雅黑、字号为18点、颜色为#121711，在二维码右侧输入文字"联系客服"，调整文字的位置，效果如图 3.7-1 所示。

4．任务训练

① 模仿制作"收藏区与客服"页尾模块。

② 结合自身网店产品特色，设计并制作"收藏区与客服"页尾模块。

项目巩固

一、填空题

1. 店铺首页的功能包括＿＿＿＿＿＿＿＿＿＿、＿＿＿＿＿＿＿＿＿＿、＿＿＿＿＿＿＿＿＿＿和＿＿＿＿＿＿＿＿＿＿。

2. ＿＿＿＿＿＿＿＿作为店铺最重要的标志之一，具有清楚、易记、一目了然的特点。

3. 从营销目的出发，商品促销展示需要提炼＿＿＿＿＿＿＿＿，直击消费者＿＿＿＿＿＿＿＿，吸引其＿＿＿＿＿＿＿＿。

4. ＿＿＿＿＿＿＿＿的设计，不仅要凸显店铺的特色，还要清晰地传达品牌的视觉定位。

5. ＿＿＿＿＿＿＿＿的设计，不仅需要对首页进行总结，还可以添加分类信息，使其与店招和导航栏对应，这样当消费者需要重新浏览时才会更加方便。

二、判断题

1. 店铺首页的风格要多样化。（ ）

2. 活动海报要清晰、醒目，要让消费者一眼就能够了解活动的内容、时间等主要信息。（ ）

3. 在制作首页导航条时，各商品类目要清晰明了。（ ）

4. 导航条主要展示店铺当前的优惠活动，如优惠券、满减、打折等，一般多个活动可并列存在。（ ）

5. 可从店铺的定位、商品的分类、消费者的喜好等方面设计 logo。（ ）

项目 4

移动端店铺首页设计与制作

项目目标

◎ **知识目标**
- 掌握爆款图片装修设计方法；
- 掌握新品图片装修设计方法；
- 掌握商品分类导航及分类展示的装修设计方法。

◎ **能力目标**
- 能够根据网店销售商品性质确定移动端店铺装修风格；
- 能够区分不同色彩的适用场合，确定店铺主色调；
- 能够熟练根据需要设计合适的爆款、新品和分类的商品图片；
- 能够将营销消息融入店铺首页制作。

◎ **素养目标**
- 具有良好的职业道德；
- 具有团队意识和妥善处理人际关系的能力；
- 具有较好的语言表达、社会交往和沟通能力；
- 具有敬业、吃苦耐劳的精神。

项目重点

设计与制作爆款、新品和分类图片。

项目难点

能根据需要设计合适的爆款、新品图。

项目 4
移动端店铺首页设计与制作

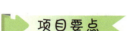
项目要点

1. 移动端店铺首页设计要素

移动端店铺首页设计要素包括店招、优惠券、爆款推荐区、新品首发区和产品分类区。

2. 店招的装修设计

把模特图作为简单背景底图来使用，不仅迎合了店铺的销售气氛，而且能让消费者在第一时间了解店铺中的主营商品。

移动端店铺店招底图一般选择一张背景图片，搭配上简洁的文字描述，并很好地控制图片与文字色彩的对比度，让消费者可以清晰地阅读文字。简短的文案迎合了喜爱快速阅读的消费群体的口味，同时也对店铺所倡导的生活理念进行了高度的概括。

就底图内容而言，可以是纯图片，但图片内容要与店铺形象有所关联；也可以是以图片为主的图文搭配形式，或以文字为主的图文搭配形式，通过文字表明店铺的特点，以此来吸引消费者。此外，在店招底图中还可以添加店铺上新介绍等。

3. 优惠券的设计

在优惠券上添加"立即领取"按钮之类的视觉元素，可以在一定程度上促进消费者的点击行为，相对于没有明显按钮引导的优惠券板块而言，有按钮引导更具提示感，有利于引导消费者参与。

4. 爆款推荐区装修设计

爆款图设计一般有两个目的：明确商品主体，突出商品优势；承上启下，做好商品信息的过渡。在设计爆款图时，要体现出商品的优势，就必须在文案与图片的设计上讲究创意，通过突出商品的特色及放大商品的优势，吸引消费者点击，并进行购买。

5. 新品首发区装修设计

新品图内容要简洁，文字要清晰，展示新款亮点，主次分明且能达到快速传播的目的。这是新品图片设计的要点。

店铺的图片内容一般要突出主题或卖点，通过富有创意的视觉设计吸引消费者的眼球，让他们感觉有东西可看。图片必须蕴含丰富的视觉灵魂，这样不仅可以起到辅助销售的作用，而且具备一定的营销属性，可以促进品牌的推广。

6. 产品分类区装修设计

在设计这个板块时，要注意控制好显示尺寸与比例，使其能够清晰完整地展示在消费者面前，起到快速导航的作用。

商品分类足够明显，图片加文字的组合设计让分类信息能够完整地展示在消费者面前，让其可以快速了解店铺中商品的分类情况。

7. 各平台软件移动端店铺首页设计尺寸与要求

（1）淘宝

① 路径：【商家中心】→【店铺装修】→【手机端】→【店铺首页】。

② 尺寸：店招尺寸一般为 750 像素×580 像素，店标（logo）尺寸一般为 120 像素×120 像素，轮播图的宽度为 750 像素、高度为 200~950 像素。

（2）ITMC 网店开设与装修实训软件

制作一张尺寸为 100 像素×100 像素、大小不超过 80 KB 的图片作为店标；制作一张尺寸为 642 像素×200 像素、大小不超过 200 KB 的图片作为店招。店标和店招大小适宜、比例精准、没有压缩变形，能体现店铺所销售的商品特色，设计独特，具有一定的创新性。

任务 4.1 设计并制作爆款推荐区

1．任务要求

本任务要求设计并完成移动端首页爆款推荐区的制作。根据淘宝店铺后台要求，以箱包类目为内容，完成相关制作。

2．效果展示

要完成的爆款推荐区效果图如图 4.1-1 所示。

3．操作步骤

步骤 1 启动 Photoshop CS6，新建 750 像素×1 300 像素的白底画布，设置前景色为#a8c1b4。

步骤 2 选择"横排文字工具"，输入标题"爆款推荐"，具体参数设置如图 4.1-2 所示。

步骤 3 选择"横排文字工具"，输入标题"BURSTING AREA"，具体参数设置如图 4.1-3 所示。

图 4.1-1　爆款推荐区效果图

 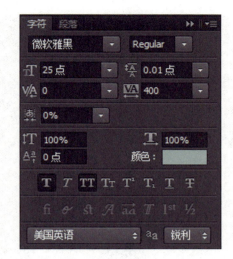

图 4.1-2　"爆款推荐"参数设置　　图 4.1-3　"BURSTING AREA"参数设置

步骤 4　同时选中三个图层，单击按钮将其设置为水平居中对齐。

步骤 5　选择"矩形工具"，绘制 25 像素×25 像素的正方形，填充前景色，具体参数设置如图 4.1-4 所示。

图 4.1-4　"矩形工具"参数设置

步骤 6　复制"矩形 1"图层。

步骤 7　同时选中"爆款推荐"文字图层与两个矩形图层，将其设置为垂直居中对齐、水平居中分布，效果如图 4.1-5 所示。

图 4.1-5　爆款推荐分栏效果图

步骤 8　选择"矩形工具"，绘制 750 像素×350 像素的矩形，设置填充色为#c9e1d4。

步骤 9　选择"矩形工具"，绘制 450 像素×450 像素的矩形，填充白色，用#c9e1d4、3 点描边；置入素材文件夹中的"双肩包 1"图片，创建剪贴蒙版，效果如图 4.1-6 所示。

步骤 10　置入素材文件夹中的"双肩包 2"图片，栅格化图层，完成单肩包抠图。

步骤 11　选择"矩形工具"，绘制 100 像素×3 像素的矩形，填充颜色#6f8178。

步骤 12　选择"横排文字工具"，依次输入文字"Backpack"（20 点）、"大容量双肩包"（30点）、"休闲潮流气质双肩包"（25点）、"SHOP NOW >>"（15点），设置文本格式为微软雅黑、#6f8178、加粗、字间距40。

步骤13 选择"矩形工具"，绘制230像素×50像素的矩形，填充白色，将其置于"大容量双肩包"文本下；绘制140像素×30像素的矩形，填充白色，将其置于"SHOP NOW >>"文本下，效果如图4.1-6所示。

图4.1-6 双肩包爆款推荐效果图

步骤14 重复步骤8~13，完成单肩包爆款推荐的制作，效果如图4.1-7所示。

图4.1-7 单肩包爆款推荐效果图

项目 4
移动端店铺首页设计与制作

知识拓展

要学会建立组。比如"分栏""双肩包""单肩包",有了"双肩包"组,在完成步骤 14 时,可以直接复制组,然后调整图片和文字,如图 4.1-8 所示。

图 4.1-8 分组操作示意图

4. 任务训练

① 模仿制作爆款推荐区。

② 结合自身网店产品,设计并制作移动端店铺首页的爆款推荐区。

任务 4.2 设计并制作新品首发区

1. 任务要求

本任务要求设计并完成移动端首页新品首发区的制作。根据淘宝店铺后台要求,以箱包类目为内容,完成相关制作。

2. 效果展示

要完成的新品首发区效果图如图 4.2-1 所示。

网店美工

图 4.2-1　新品首发区效果图

3. 操作步骤

步骤 1　启动 Photoshop CS6，新建 750 像素×1 300 像素的白底画布。

步骤 2　参考任务 4.1 中的步骤 2~7，完成"新品首发"分栏，效果如图 4.2-2 所示。

图 4.2-2　新品首发分栏效果图

知识拓展

如任务4.1中已建立"分栏"组,可以直接复制组至本任务源文件中,然后修改本任务中的文字内容。

步骤3 选择"矩形工具",绘制100像素×3像素的矩形,填充颜色#6f8178。

步骤4 选择"横排文字工具",输入文字"北欧风行李箱 清新柠檬黄",具体参数设置如图4.2-3所示。

步骤5 选择"横排文字工具",输入文字"到手价¥",设置字号为25点;输入"108",设置字号为50点;输入"SHOP NOW >>",设置字号为15点。

步骤6 选择"圆角矩形工具",绘制大小为130像素×30像素、半径为50像素的圆角矩形,用#6f8178、3点描边,效果如图4.2-4所示。

图 4.2-3 文字参数设置　　　　图 4.2-4 文字效果图

步骤7 选择"矩形工具",绘制320像素×500像素的矩形,填充白色,置入素材文件夹中的"新品1"图片,创建剪贴蒙版;选择"矩形工具",绘制300像素×400像素的矩形,填充白色,置入素材文件夹中的"新品2"图片,创建剪贴蒙版,效果如图4.2-5所示。

北欧风行李箱
清新柠檬黄

到手价￥108 SHOP NOW>>

图 4.2-5　行李箱新品首发效果图

步骤 8　选择"横排文字工具",分别输入文字"砖红手提升级款""正红夏日热情款",设置文本格式为微软雅黑、25 点、#6f8178、加粗。参考步骤 5 和步骤 6,完成相应价格和加购标签的制作。

步骤 9　选择"矩形工具",绘制两个大小为 320 像素×320 像素的正方形,填充白色,置入素材文件夹中的"新品 3"和"新品 4"图片,对应创建剪贴蒙版,效果如图 4.2-6 所示。

砖红手提升级款　　　　正红夏日热情款
到手价￥88 SHOP NOW　　到手价￥58 SHOP NOW

图 4.2-6　新品首发陈列效果图

4. 任务训练

① 模仿制作新品首发区。
② 结合自身网店产品,设计并制作移动端店铺首页的新品首发区。

任务 4.3 设计并制作产品分类区

1. 任务要求

本任务要求设计并完成移动端首页产品分类区的制作。根据淘宝店铺后台要求，以箱包类目为内容，完成相关制作。

2. 效果展示

要完成的产品分类区效果图如图 4.3-1 所示。

图 4.3-1 产品分类区效果图

3. 操作步骤

步骤 1 启动 Photoshop CS6，新建 750 像素×700 像素的白底画布。

步骤 2 参考任务 4.1 中的步骤 2~7，完成"产品分类"分栏，效果如图 4.3-2 所示。

产品分类
PRODUCT CLASSIFICATION

图 4.3-2　产品分类分栏效果图

步骤 3　选择"矩形工具",绘制 2 个大小分别为 220 像素×180 像素和 220 像素×300 像素的矩形,填充颜色#e9ebea,复制矩形,并完成调整。

步骤 4　选择"矩形工具",绘制 6 个大小均为 220 像素×50 像素的矩形,填充颜色#6f8178,效果如图 4.3-3 所示。

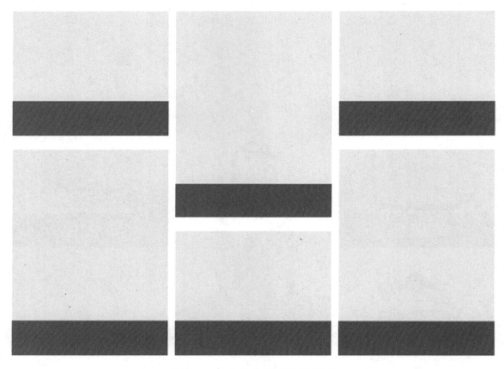

图 4.3-3　产品分类框架效果图

步骤 5　选择"横排文字工具",依次输入文字"单肩包""行李箱""零钱包""双肩包""公文包""手提包",设置文本格式为微软雅黑、25 点、白色、加粗、字间距 200。

步骤 6　置入素材文件夹中的分类图 1~6,完成产品抠图,效果如图 4.3-4 所示。

项目 4
移动端店铺首页设计与制作

图 4.3-4 产品分类效果图

4. 任务训练

① 模仿制作产品分类区。

② 结合自身网店产品,设计并制作移动端店铺首页的产品分类区。

一、填空题

1. 移动端店铺首页设计要素包括＿＿＿＿＿＿、＿＿＿＿＿＿、＿＿＿＿＿＿、＿＿＿＿＿＿、＿＿＿＿＿＿。

2. 把＿＿＿＿＿＿作为简单背景底图来使用,不仅迎合了店铺的销售气氛,也能让消费者在第一时间了解店铺中的主营商品。

3. 在优惠券上添加"＿＿＿＿＿＿"按钮之类的视觉元素,可以在一定程度上左右消费者的点击行为。

4. 爆款图设计一般有两个目的:＿＿＿＿＿＿＿＿＿＿＿＿＿＿＿＿＿＿＿＿＿＿＿＿＿＿＿＿＿＿＿＿＿＿＿＿＿＿＿。

5. 在设计＿＿＿＿＿＿板块时,要注意控制好显示尺寸与比例。

二、判断题

1. 移动端店铺店招底图只能是纯图片。　　　　　　　　　　　　(　　)

2. 在店招底图中还可以添加店铺上新介绍等。（　　）

3. 图片必须蕴含丰富的视觉灵魂，这样不仅可以起到辅助销售的作用，而且具备一定的营销属性，可以促进品牌的推广。（　　）

4. 商品分类足够明显，图片加文字的组合设计让分类信息能够完整地展示在消费者面前，让其可以快速了解店铺中商品的分类情况。（　　）

5. 在设计爆款图时，要体现出商品的优势。（　　）

模块三 促销设计与制作

项目 5

直通车主图设计与制作

项目目标

◎ 知识目标
- 明确直通车的作用，掌握直通车的表达形式；
- 能够根据产品特点，灵活地选择图片，并完成直通车主图的设计；
- 掌握直通车主图的基本构图方法。

◎ 能力目标
- 熟练使用 Photoshop 工具完成素材图片的处理；
- 熟练使用 Photoshop 工具完成文字设计；
- 熟练使用 Photoshop 工具完成标签制作。

◎ 素养目标
- 具有良好的职业道德和敬业精神；
- 培养团队合作意识及组织协调能力。

项目重点

- 熟练掌握制作直通车主图的方法；
- 根据宝贝进行文字设计构思；
- 制作促销标签。

项目难点

- 根据文案设计文字效果；
- 制作促销标签。

项目要点

1. 直通车的表达形式

(1) 产品展示

(2) 产品+文案

(3) 创意图片+创意文案

2. 直通车设计要领

(1) 卖点明确

一张直通车图如果能够通过一个卖点,很好地与消费者产生共鸣就可以了,其他的信息可以简化。卖点可以直接通过产品图片或产品创意图片来展示。

(2) 文案突出

当产品图片不能准确地传达卖点信息时,精练、有创意的文案能辅助产品图片更好地传达卖点。

(3) 商品图片完整

在制作直通车主图时,首先商品图片一定要拍摄完整,不选择只拍摄其中一部分的图片,可以选择完整的正面图或者侧面图;其次选择商品图片时要懂得选择背景色,或者尽量在拍摄中使用与商品本身色彩差异较大的颜色,但不要选择太过于复杂的背景色,会影响商品图片的主导地位。

(4) 文字排版简洁

直通车位置有限,而且每次点击都需要花钱,所以需要抓住最精准的人群,让每一次的点击都值得。直通车的图片设计、文案字体都需要简洁一些,要求既能清楚表达商品的卖点,又能让买家第一时间看清促销文案和商品的图片。

任务 5.1 设计并制作限时促销主图

1. 任务要求

背景虚化是指将商品图片背景由深变浅,使焦点聚集在主体上,营造主体与背景间前清后虚的效果。这种效果能突出主体的立体感,使画面变得更加和谐。下面以一张限时促销效果图的制作为例来介绍如何对商品图片的背景进行虚化处理,突出画面中商品或者文字的主体地位。

2. 效果展示

要完成的限时促销效果图如图 5.1-1 所示。

项目 5

直通车主图设计与制作

图 5.1-1　限时促销效果图

3．操作步骤

步骤1　启动 Photoshop CS6，打开素材文件夹中的"女装"图片。

步骤2　选择"多边形套索工具"，创建选区，框选出主体人物，反选选区，设置"羽化半径"为"30 像素"，具体效果如图 5.1-2 所示。

图 5.1-2　处理背景效果

步骤3　选择【滤镜】→【模糊】→【镜头模糊】命令，调整主体人物，效果如图 5.1-3 所示，最后取消选区，保存文件。

69

图 5.1-3　镜头模糊效果

知识拓展

在 Photoshop CS6 中，可以通过"模糊"滤镜来削弱相邻像素的对比度，使相邻像素间平滑过渡，从而使像素边缘柔和、模糊，达到虚化的效果。选择【滤镜】→【模糊】命令，在"模糊"子菜单中提供了多种模糊效果，其中镜头模糊、径向模糊常用来处理商品背景图片。

① 镜头模糊：使用"镜头模糊"可以使图像产生拍摄时镜头抖动产生的模糊效果。

② 径向模糊：使用"径向模糊"可以使图像产生旋转或放射状模糊效果。

步骤 4　新建 800 像素×800 像素的白底画布，置入素材文件夹中的"女装"图片，调整图片大小。

步骤 5　选择"矩形工具"，绘制一个 328 像素×550 像素的矩形，无填充色，用#d3cccc、6 像素描边。栅格化矩形 1 图层。选择"矩形选框工具"，制作出开口效果。

步骤 6　选择"横排文字工具"，输入"5"，设置文本格式为 Arial、200 点、白色，并添加颜色为#b42d0d、宽度为 3 像素的描边效果。

步骤 7　按照步骤 6，完成"折让利""经典热卖""2021 新款 专柜同步"等文字的设置，具体效果如图 5.1-1 所示。

4．任务训练

① 模仿制作限时促销主图。

② 结合自身网店产品，设计并制作限时促销主图。

项目 5 直通车主图设计与制作

任务 5.2 设计并制作直通车主图

1. 任务要求

美观的字体可以突显一个主题的灵魂。下面根据文案,设计并制作时尚家具直通车主图。

2. 效果展示

要完成的时尚家具直通车主图效果图如图 5.2-1 所示。

图 5.2-1 时尚家具直通车主图效果图

3. 操作步骤

步骤 1 启动 Photoshop CS6,新建 800 像素×800 像素的白底画布。

步骤 2 置入素材文件夹中的"沙发"图片,调整图片大小。

步骤 3 选择"横排文字工具",输入"冬""季"两字,设置文本格式为等线、100 点、黑色,将文字上下排列。

步骤 4 选择"季"图层,右击选择"创建形状",为了便于操作,将"视图"放大至 200%。用"直接选择工具"选择要变形的文字,具体效果如图 5.2-2 所示。

步骤 5 选择"横排文字工具",输入"风尚",设置文本格式为等线、60 点、黑色,将文字排列在"季"字上方。

知识拓展

在 Photoshop 中，可以将文字转换成形状，即将文字图层转化为形状图层。转换之后文本属性和内容不能进行修改，但是可以使用形状工具进行调整。

字体的 8 种常用方法：

① 连接法：结合字体特征将笔画相连接的形式。
② 简化法：根据字体特点，利用视觉错觉合理地简化字体部首的形式。
③ 附加法：在字体外添加配合表现标示的图形的形式。
④ 底图法：将字体镶嵌于色块或图案中的形式。
⑤ 象征法：将字体的笔画进行象征性演变的形式。
⑥ 柔美法：结合字体特征，运用波浪或卷曲的线条来表现的形式。
⑦ 刚直法：用直线型的笔画来组成字体的形式。
⑧ 综合元素：综合几种效果。

步骤6 选择"矩形工具"，绘制一个 144 像素×30 像素的矩形，设置填充色为黑色，无描边。选择"横排文字工具"，输入文字"极简主义"，设置文本格式为华文行楷、24 点、白色，将文字排列在矩形中，效果如图 5.2-3 所示。

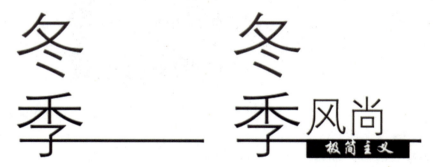

图 5.2-2　字体变形效果　　　　图 5.2-3　字体组合效果

步骤7 选择"横排文字工具"，输入文字"一张沙发一个家"，设置文本格式为青鸟华光简美黑、46 点、#990000。用同样的方法输入文字"降低对物质的欲望，回归自然生活"，设置文本格式为等线、18 点、#990000。

项目 5
直通车主图设计与制作

知识拓展

在 Photoshop 中，可以自行安装字体。

第一步，从网络或者光盘中找到相关的一些字体。（注意字体的版权）

第二步，将找到的字体复制到系统安装目录下面的 Fonts 文件夹中，如 C:\WINDOWS\Fonts。

第三步，重新启动 Photoshop 软件，在字体属性栏下拉框中就可以看到添加的字体。

步骤 8 选择"矩形工具"，绘制一个 170 像素×36 像素的矩形，无填充色，描边颜色为#cc3300、宽度为 3 点。再绘制一个同样大小的矩形，设置填充色为#c3300，无描边。用同样的方法，完成日期和"快来抢购"等文字的设置，调整文字的位置，最终效果如图 5.2-1 所示。

4. 任务训练

① 模仿制作时尚家居直通车主图。

② 自主练习文字设计。

可参考图 5.2-4 完成任务训练。

图 5.2-4 任务训练参考图

任务 5.3
设计并制作促销标签

1. 任务要求

一张精致的促销标签往往是多样化，有层次感且丰满的作品。文字上更是恰到好处，既简洁又突出促销的目的，让人产生购买的欲望。下面以女包直通车促销标签为例来介绍促销标签的制作方法。

2. 效果展示

要完成的女包直通车促销标签效果图如图 5.3-1 所示。

图 5.3-1　女包直通车促销标签效果图

3. 操作步骤

步骤 1　启动 Photoshop CS6，新建 800 像素×800 像素的白底画布。

步骤 2　依次置入素材文件夹中的"背景""展台"图片，栅格化图层。

步骤 3　置入素材文件夹中的"女包"图片，栅格化图层，完成抠图并将其放置在展台。

步骤 4　选择"矩形工具"，绘制一个 300 像素×150 像素的矩形，设置填充色为#ff3333，无描边。将矩形 1 变形成一个直角梯形。

步骤 5　复制矩形 1，得到矩形 1 副本，并将它水平翻转，设置填充色为#cc0033。

步骤 6　选择"横排文字工具"，输入文字"首发新品"，设置文本格式为微软雅黑、72 点、白色，并添加投影和斜面浮雕效果，具体效果如图 5.3-2 所示。

图 5.3-2　"首发新品"效果图

步骤 7 新建一个组，命名为"标签1"，将"首发新品"文本、矩形1、矩形2移入该组。

步骤 8 新建一个组，命名为"特价"，选择"椭圆工具"，按【Shift】键绘制一个正圆，设置填充色为#336666，无描边。复制椭圆1，得到一个椭圆1副本，将大小缩放为96%，填充为白色，栅格化椭圆1副本。

步骤 9 选择"矩形选框工具"，选中并删除椭圆下半部分，使用【Ctrl】+【T】组合键自由变换，旋转一定角度，并调整位置。

步骤 10 选择"横排文字工具"，输入文字"限时特价"，设置文本格式为微软雅黑、25点、加粗、#333333，自由变换，调整方向。用同样的方法完成"立即抢购"文字的设置，文字颜色为白色。

步骤 11 参考步骤10，输入"￥""299"，设置文本格式为幼圆、加粗、#ff3333。具体效果如图5.3-3所示。

图 5.3-3　椭圆形状效果

步骤 12 选择"多边形工具"，设置填充色为#ff3333，无描边，边数为"18"，选中"星形""平滑缩进"复选框，"缩进边依据"为"30%"，参数设置如图5.3-4所示。

图 5.3-4　多边形形状参数设置

步骤 13 参考步骤10，输入文字"抢"，将其置于"形状1"的中间，调整位置，具体效果如图5.3-5所示。

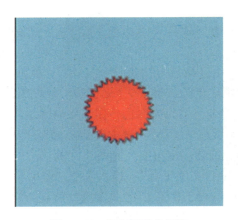

图 5.3-5 多边形形状效果

知识拓展

将图层分组,可以实现标签的重复使用,其他主图中如果需要用类似效果,只需稍加修改,就可以直接使用,效果如图 5.3-6 所示。

图 5.3-6 分组效果

步骤 14 最后添加一点灯光,具体效果如图 5.3-1 所示。

4. 任务训练

① 模仿制作直通车主图中的促销标签。
② 尝试自己制作一个促销标签。

可参考图 5.3-7 完成任务训练。

图 5.3-7 任务训练参考图

项目巩固

一、填空题

1. 直通车的表达形式有_____、_____、_____。

2. Photoshop CS 中图形工具有_____、_____、_____、_____。

3. 在 Photoshop CS 滤镜中可以产生柔和效果的是_____。

4. 在促销标签具有_____、_____时,可以促进消费者的购买欲望。

5. 常见的文字处理有 8 种,分别是_____、_____、_____、_____、_____、_____、_____、_____。

二、判断题

1. 在 Photoshop CS 中文字图层可以转换为形状或者工作路径。　　(　　)
2. 在 Photoshop CS 中文字图层转换为形状后内容还可以修改。　　(　　)
3. 在 Photoshop CS 中可以设置图层效果、字体效果。　　　　　　(　　)
4. Photoshop CS 设置分组可以有效提高工作效率。　　　　　　　(　　)
5. 在 Photoshop CS 中字体一定要安装在 Fonts 文件夹中。　　　　(　　)

项目 6

钻展推广图设计与制作

项目目标

◎ 知识目标
- 掌握钻展与 banner 图的区别与联系；
- 掌握 banner 图的不同分类形式；
- 掌握静态 banner 图与动态 banner 图的区别；
- 掌握淘宝 banner 图的尺寸与要求；
- 掌握 1+X 网店运营推广软件中 banner 图的尺寸与要求；
- 掌握 ITMC 网店开设与装修实训软件中 banner 图的尺寸与要求。

◎ 能力目标
- 能够根据网店销售商品性质确定 banner 图的风格；
- 能够区分活动 banner 图、单品 banner 图、店铺 banner 图；
- 能够熟练根据需要设计动态 banner 图；
- 能够熟练制作相关网店 banner 图。

◎ 素养目标
- 具有良好的职业道德和敬业精神；
- 具有团队意识和妥善处理人际关系的能力；
- 具有较好的语言表达、社会交往和沟通能力；
- 具有吃苦耐劳的精神。

项目重点

- 能根据促销内容制作相应的 banner 图；
- 能根据网店风格制作相应的 banner 图。

项目 6
钻展推广图设计与制作

> 项目难点

能制作动态 banner 图。

> 项目要点

1. 钻展的定义

钻石展位（简称钻展）是依靠图片创意吸引买家点击，获取流量。钻展是按照流量竞价售卖的广告位，计费单位为 CPM（千次浏览单价），按照出价从高到低进行展现。商家可根据群体（地域和人群）、访客、兴趣点这三个维度设置定向展现。

2. 钻展与 banner 图

钻展图以横幅广告（简称 banner 图）形式呈现。现实生活中，banner 图使用的范围很广。本项目通过 banner 图的制作来介绍相关促销大图的设计与制作。

● 根据内容不同，banner 图可以分为单品 banner 图、活动 banner 图和店铺 banner 图。

（1）单品 banner 图

单品 banner 图主要用于推广某一新品或者爆品。单品 banner 图包含商品图片、商品名称图、商品价格、促销价格（促销时间）、抢购按钮等。效果如图 6.0-1 所示。

图 6.0-1　单品 banner 图

（2）活动 banner 图

活动 banner 图用于推广店铺中的活动，比如参与的平台活动（618、双 11、聚划算等）或是店铺自己的活动（周年庆、年终巨惠等）。活动 banner 图包含活动主题、活动具体内容、活动时间等。效果如图 6.0-2 所示。

图 6.0-2　活动 banner 图

（3）店铺 banner 图

店铺 banner 图用于推广网店，图中一般包含店铺名称、店铺主营、店铺标语、店铺手淘二维码等。效果如图 6.0-3 所示。

图 6.0-3　店铺 banner 图

● 根据风格不同，banner 图可以分为简约风 banner 图、可爱风 banner 图、中国风 banner 图、立体风 banner 图、促销风 banner 图和科技风 banner 图等。

（1）简约风 banner 图

简约风最明显的特点就是留白，字体多采用宋体这样的衬线体，除一级标题字号略大些外，其他文案都较小，给人一种精致的感觉；色彩以灰白色系为主，其他的色彩饱和度和纯度低，明度高；点缀物多用细线条；素材图一般都很大，能够突出细节。效果如图 6.0-4 所示。

图 6.0-4　简约风 banner 图

（2）可爱风 banner 图

可爱风最突出的特点就是字体，多采用手写字体、卡通字体等；色彩的饱和度和纯度比较高，多使用暖色调，营造软萌的感觉；点缀物多使用卡通小元素，以手绘和矢量图为主，比如星星、云朵、短线条等。效果如图 6.0-5 所示。

图 6.0-5　可爱风 banner 图

（3）中国风 banner 图

中国风常采用书法字体，文案多用竖形排版、从右向左的顺序；可以选用的素材有印章、中国山水画、墨迹、扇面、剪纸、园林窗格、古纹样、祥云、京剧、卷轴等。效果如图 6.0-6 所示。

图 6.0-6　中国风 banner 图

（4）立体风 banner 图

立体效果给人画面饱满的感觉，通过不同的方式可以营造出立体效果，比如渐变、阴影、投影、再次变换等。常用的素材可以是商品展示台（圆柱、长方体）和球状点缀等。效果如图 6.0-7 所示。

图 6.0-7　立体风 banner 图

（5）促销风 banner 图

促销风 banner 图色彩丰富，以红、黄、蓝、紫偏多，画面饱满，很少留白；主标题很大，多用刚硬、棱角分明、夸张、有视觉冲击力的字体；可以用到的点缀物有光效、鞭炮、舞台、灯光、五彩的渐变、冲击性的线条和多边形等。效果如图 6.0-8 所示。

图 6.0-8　促销风 banner 图

（6）科技风 banner 图

科技风用色以蓝、黑、紫等冷色调为主，画面给人以硬朗感、空间感、速度感和力量感；可以用到的点缀物有光效、金属效果、线条、光点、宇宙等。效果如图 6.0-9 所示。

图 6.0-9　科技风 banner 图

● 根据形式不同，banner 图可以分为静态 banner 图和动态 banner 图。

（1）静态 banner 图

静态 banner 图主要是 JPEG 和 PNG 格式，由于具有动态效果的图片会影响页面打开的速度及顾客体验，广告素材建议做成静态图。

（2）动态 banner 图

动态元素相较于静态图，容易吸引用户关注，由于淘宝网首页不允许出现 Flash 广告，所以只能用 GIF 动图格式来制作动态 banner 图。

从设计感来讲，动态 banner 图在设计方面可以更丰富些。从稳定性及优化方面来说，静态 banner 图会更好，占用空间也会更小。动态元素过多，辅助元素堆叠，反而会分散用户的注意力。因此建议使用动态辅助元素来衬托商品时，尽量选用简单的、信息量更低的动效设计，帮助用户快速识别商品及其卖点即可。

3. 各平台软件 banner 图的尺寸与要求

（1）淘宝

淘宝网各广告位尺寸如表 6.0-1 所示。

表 6.0-1 淘宝网各广告位尺寸

广告位名称	尺寸	推荐理由
无线_网上购物_app_淘宝首页焦点图	640 像素×200 像素	流量充足、效果好、钻展最黄金的资源位
PC_网上购物_淘宝首页焦点图	520 像素×280 像素	
PC_网上购物_淘宝首页焦点图右侧 banner	170 像素×200 像素	流量充足、价格相对较低、性价比高
PC_网上购物_淘宝首页 3 屏通栏大 banner	375 像素×130 像素	
PC_网上购物_阿里旺旺_弹窗焦点图	168 像素×175 像素	

① PC 端：新手资源位选择流量充足、点击率相对较高、投放性价比较高的位置。

② 移动端：支持 JPG、PNG 格式，要求一组内的图片高度必须完全一致。

（2）1+X 网店运营推广软件

banner 图占据网店中的黄金第一屏，是对店铺最新商品、促销活动、商品推荐、店铺形象等信息进行展示的区域，是买家进入店铺首页中观察到的最醒目的区域。

评分点仅为 banner 图的设计与制作，模板一建议尺寸为 950 像素×250 像素，模板二建议尺寸为 1 920 像素×600 像素。

（3）ITMC 网店开设与装修实训软件

① PC 电商店铺要求：制作 4 张尺寸为 727 像素×416 像素、大小不超过 150 KB 的图片。

② 移动电商店铺要求：制作 4 张尺寸为 608 像素×304 像素、大小不超过 150 KB 的图片。

③ 跨境电商店铺要求：制作 4 张尺寸为 980 像素×300 像素、大小不超过 150 KB 的图片。

任务 6.1 设计并制作内容 banner 图

1. 任务要求

根据内容不同，banner 图可以分为单品 banner 图、活动 banner 图和店铺

banner 图。本任务以 ITMC 网店开设与装修实训软件 PC 电商店铺中活动 banner 图为例进行讲解，单品 banner 图与店铺 banner 图作为课后拓展练习。

2．效果展示

要完成的活动 banner 效果图如图 6.1-1 所示。

图 6.1-1 活动 banner 效果图

3．操作步骤

步骤 1 启动 Photoshop CS6，新建 727 像素×416 像素的白底画布，设置前景色为#51f7df、背景色为#5fd5fb。

步骤 2 选择"渐变工具"，在工具属性栏中选择"前景色到背景色渐变""线性渐变"，具体参数设置如图 6.1-2 所示，从左上到右下拖出渐变效果。

图 6.1-2 "渐变工具"参数设置

步骤 3 选择"横排文字工具"，输入标题"运动季 热力出击"，具体参数设置如图 6.1-3 所示。

步骤 4 打开文字图层的"图层样式"对话框，选中"投影"复选框，设置投影颜色为 #088980、不透明度为 75%、角度为 120 度、距离为 3 像素，具体参数设置如图 6.1-4 所示。

步骤 5 选择"圆角矩形工具"，设置半径为 50 像素、填充色为#fdff4f，绘制 260 像素×50 像素的圆角矩形，具体参数如图 6.1-5 所示。

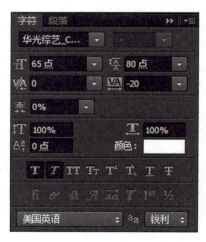

图 6.1-3 "文字工具"参数设置

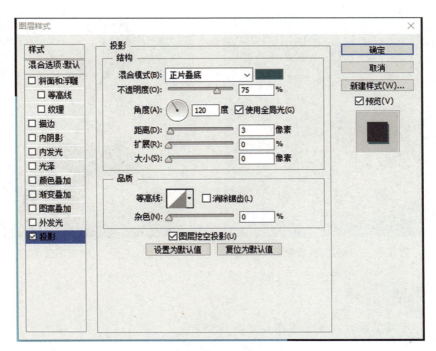

图 6.1-4 "图层样式"对话框

图 6.1-5 "圆角矩形工具"属性参数

步骤 6 选择"横排文字工具",输入文字"跨店满减 每满 200 减 20",设置文本格式为微软雅黑、22 点、黑色。同时选中该文字图层与圆角矩形图层,单击按钮 将其设置为垂直居中对齐单,单击按钮 将其设置为水平居中分布。

步骤 7 选择"横排文字工具",输入"TIME:2021.6.15—6.18",设置文本格式为微软雅黑、22 点、白色。

步骤 8 选择"椭圆工具",按住【Shift】键,绘制 300 像素×300 像素的正圆,设置填充色为#fdff4f,具体参数如图 6.1-6 所示。

图 6.1-6 "椭圆工具"属性参数

步骤 9 复制椭圆 1 图层,将椭圆 1 副本图层向右下轻移,并将填充色改为白色。置入素材文件夹中的"素材 1"图片,右击素材 1 图层,创建剪贴蒙版,修改不透明度为 30%,效果如图 6.1-7 所示。

步骤 10 置入素材文件夹中的"素材 2"图片,完成人物抠图,调整大小。

步骤 11 复制人物图层,选择人物图层,载入选区,填充白色,向右轻移,效果如图 6.1-8 所示。

图 6.1-7 椭圆工具效果图

图 6.1-8 人物抠图效果图

知识拓展

可用多种方式增加图层效果：
① 图层样式→投影（如步骤4）。
② 复制图层→改色→轻移（如步骤10）。

步骤 12 设置前景色为白色。

步骤 13 选择"椭圆工具"，按住【Shift】键，绘制100像素×100像素的正圆，在工具属性栏中设置填充为"前景色到透明渐变"，选择"线性渐变"，将角度调整为50度，具体参数设置如图6.1-9所示，调整该图层的不透明度为60%。

步骤 14 栅格化图层，复制该图层，调整大小，旋转，完成图片点缀，效果如图6.1-10所示。

图 6.1-9 椭圆填充属性参数

图 6.1-10 活动 banner 效果图

步骤 15　选择【文件】→【存储为 Web 所用格式】命令，将图像文件保存为 JPG 格式。

4．任务训练

① 模仿制作单品 banner 图和店铺 banner 图。
② 上网收集单品 banner 图、活动 banner 图和店铺 banner 图。
③ 结合自身网店产品，设计并制作 banner 图。

任务 6.2　设计并制作风格 banner 图

1．任务要求

根据风格不同，banner 图可以分为简约风 banner 图、可爱风 banner 图、中国风 banner 图、立体风 banner 图、促销风 banner 图和科技风 banner 图等。本任务以 ITMC 网店开设与装修实训软件 PC 电商店铺中立体风 banner 图为例进行讲解，其他风格 banner 图作为课后拓展练习。

2．效果展示

要完成的立体风 banner 效果图如图 6.2-1 所示。

图 6.2-1　立体风 banner 效果图

3．操作步骤

步骤 1　启动 Photoshop CS6，新建 727 像素×416 像素的白底画布。

步骤2 给背景图层填充颜色#e7c393，选择"矩形工具"，绘制727像素×50像素的矩形，填充颜色#eaeaea，将其置于底部。

步骤3 选择"矩形工具"，绘制30像素×380像素的矩形，填充颜色#dba96a；绘制12像素×380像素的矩形，填充颜色#c88a3f，按【Ctrl】+【T】组合键使其自由变换，设置垂直斜切−50度；同时选中两个矩形，将其设置为底边对齐，略做调整，完成立柱效果，如图6.2-2所示。

步骤4 选择"椭圆工具"，绘制300像素×50像素椭圆，填充颜色#fdc781；复制椭圆1图层，给椭圆1副本图层填充颜色#cf994f，并将其置于椭圆1图层下方；按【Ctrl】+【T】组合键使其自由变换，向下轻移1像素，提交变换；按【Ctrl】+【Shift】+【Alt】+【T】组合键使其变换，完成圆柱效果，如图6.2-2所示。

图6.2-2 立柱、圆柱效果图

步骤5 选择"矩形工具"，绘制50像素×50像素的正方形，用白色、2点描边；复制矩形，使之对齐分布，栅格化后，合并图层，完成网格制作；打开"图层样式"对话框，添加投影效果，设置距离为15像素、大小为8像素，具体参数设置如图6.2-3所示。

项目 6
钻展推广图设计与制作

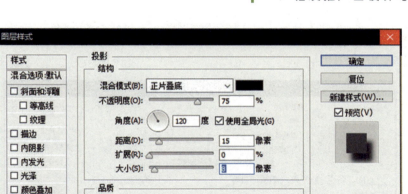

图 6.2-3 "投影"属性参数

步骤 6 选择"矩形工具",绘制 30 像素×30 像素的正方形,用#00a0e9、3 点描边;根据步骤 5,完成网格 2 的制作,效果如图 6.2-4 所示。

步骤 7 选择"矩形工具",绘制 250 像素×200 像素的矩形,填充颜色#d1e5dc,添加黑色投影;选择"矩形工具",绘制 180 像素×180 像素的矩形,填充颜色#e7b7c3,添加颜色为#9d9026 的投影,效果如图 6.2-5 所示。

图 6.2-4 网格效果图

图 6.2-5 背景效果图

步骤 8 设置前景色为#9fd8c9、背景色为#528478;选择"椭圆工具",按住【Shift】键,绘制 60 像素×60 像素的圆,打开"图层样式"对话框,选中"渐变叠加"复选框,选择"前景色到背景色渐变",设置样式为"径向",用鼠标左键移动高光位置至左上，具体参数设置如图 6.2-6 所示；添加投影效果，效果如图 6.2-5 所示。

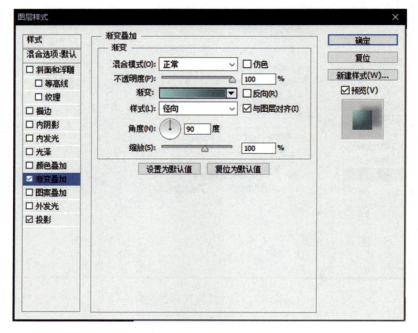

图 6.2-6　"渐变叠加"属性参数

步骤 9　置入素材文件夹中的"素材 1"图片，完成商品抠图。

步骤 10　新建图层，选择"椭圆选框工具"，将羽化值调为 10 像素，绘制小椭圆，填充黑色，将图层置于商品下方，调整图层不透明度为 70%。

> **知识拓展**
>
> 可用多种方式制作立体效果：
> ① 相近色（如步骤3）；
> ② 再次变换（如步骤4）；
> ③ 图层样式→投影（如步骤5~7）；
> ④ 渐变效果（如步骤8）。

步骤 11　选择"横排文字工具"，输入"安耐晒 小金瓶 防晒霜"，设置文本格式为微软雅黑、30 点、加粗倾斜、黑色，给"小金瓶"填充颜色"#bf2b37"；输入"UVA/UVB 双重防晒"，设置文本格式为微软雅黑、20 点、加粗倾斜、白色；输入"满 99 减 15/满 199 减 50"，设置文本格式为微软雅黑、20 点、#323232、字间距 80；输入"原价￥129.00"，设置文本格式为微软雅黑、倾斜、18 点、#323232；输入"狂欢价￥"，设置文本格式为微软雅黑、倾斜、18点、#bf2b37；输入"114"，设置文本格式为微软雅黑、加粗倾斜、80点、#bf2b37、字间距100，效果如图6.2-7所示。

图6.2-7 文字效果图

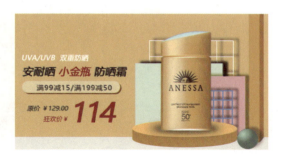

图6.2-8 立体风banner效果图

步骤12 选择"圆角矩形工具"，设置半径为50像素，绘制280像素×35像素的圆角矩形，填充颜色#efdabb；复制图层，填充颜色#a7631a，向右下轻移，调整图层顺序，将圆角矩形置于文字下方，效果如图6.2-8所示。

步骤13 选择【文件】→【存储为Web所用格式】命令，将图像文件保存为JPG格式。

4．任务训练

① 模仿制作中国风banner图和促销风banner图。

② 上网收集不同风格的banner图，并制作相关风格点缀要素。

③ 结合自身网店产品，设计并制作banner图。

任务6.3 设计并制作形式banner图

1．任务要求

根据形式不同，banner图可以分为静态banner图和动态banner图。本任务以淘宝PC电商店铺中中国风店铺动态banner图为例进行讲解。

2．效果展示

要完成的动态banner效果图如图6.3-1所示。

图 6.3-1 动态 banner 效果图

3. 操作步骤

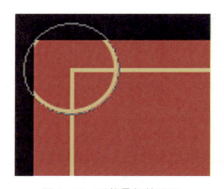

图 6.3-2 形状叠加效果图

步骤 1 启动 Photoshop CS6，新建 520 像素×280 像素的白底画布，给背景图层填充颜色#dd423d。

步骤 2 选择"矩形工具"，绘制 470 像素×240 像素的矩形，用#e8cb90、3 点描边；选择"椭圆工具"，绘制 65 像素×65 像素的正圆，也用#e8cb90、3 点描边；将两形状叠加，叠加效果如图 6.3-2 所示；同时选中两形状图层，栅格化图层，合并图层；选择"魔棒工具"，选择中间区域，效果如图 6.3-3 所示。

步骤 3 新建图层，与步骤 2 类似，用#e8cb90、3 像素对选区进行描边，位置居外；取消选区，隐藏步骤 2 中的图层，效果如图 6.3-4 所示。

图 6.3-3 魔棒选择效果图

图 6.3-4 描边效果图

步骤 4 复制步骤 3 中的图层，进行自由变换、水平翻转，擦除多余部分，合并图层，效果如图 6.3-5 所示。

图 6.3-5　水平翻转效果图　　　　　图 6.3-6　垂直翻转效果图

步骤 5　复制步骤 4 中的图层，进行自由变换、垂直翻转，擦除多余部分，合并图层，效果如图 6.3-6 所示。

步骤 6　选择"椭圆工具"，绘制 60 像素×60 像素的正圆，填充颜色 #a32c23；复制图层，填充颜色 #f3b750，并向左轻移；复制图层，用 #efac46、8 点描边；复制图层，用 #eb9d3a、8 点描边，并向左轻移。合并 4 个图层，完成重叠效果，效果如图 6.3-7 所示。

步骤 7　选择"横排文字工具"，分别输入文字"牛""货""秒""杀""放""肆""新""春"，设置文本格式为方正粗黑宋简体、30 点、白色，设置文字投影，阴影颜色为 #d73533，距离为 2 像素，效果如图 6.3-7 所示。

图 6.3-7　铜钱文字效果图　　　　　图 6.3-8　重命名图层效果图

步骤 8　选中对应铜钱与文字图层，合并图层，可修改图层名，图层效果如图 6.3-8 所示。

步骤 9　选择"横排文字工具"，输入文字"蒙牛年货节"，设置文本格式为方正粗黑宋简体、30 点，设置文字投影，距离为 1 像素，大小为 4 像素；设置渐变叠加，选择"前景色到背景色渐变"（前景色为 #f8f1e8，背景色为 #f3b750），效果如图 6.3-9 所示。

图 6.3-9　文字图层效果图

步骤 10　选择"横排文字工具",输入文字"会员尊享　大特权",设置文本格式为方正粗黑宋简体、20 点,复制步骤 9 中的文字图层样式,关闭投影效果;选择"横排文字工具",输入"16",设置文本格式为方正粗黑宋简体、40 点、#f9e95d,效果如图 6.3-10 所示。

图 6.3-10　文字图层 2 效果图

步骤 11　选择"圆角矩形工具",绘制大小为 135 像素×40 像素、半径为 10 像素和大小为 150 像素×25 像素、半径为 50 像素的圆角矩形;合并形状,填充前景色到背景色渐变(前景色为#4c7e5f,背景色为#173022),选择"线性渐变",设置角度为 0;给形状图层添加投影效果,效果如图 6.3-11 所示。

步骤 12　选择"横排文字工具",输入文字"进店领入会礼",设置文本格式为方正粗黑宋简体、20 点、#ede7dd,效果如图 6.3-11 所示。

图 6.3-11　静态 banner 效果图

步骤 13　新建两条参考线:水平 3.5 厘米和水平 6 厘米,将铜钱图层同时选中,对齐下参考线,效果如图 6.3-12 所示。

图 6.3-12　新建参考线效果图

步骤 14　打开【窗口】→【时间轴】工具,选中第 1 帧,复制 8 帧,效果如图 6.3-13 所示。

图 6.3-13　时间轴效果图

步骤 15　选中第 2 帧，选中"牛"图层，轻移，将其与上参考线对齐，效果如图 6.3-14 所示。

图 6.3-14　动态轻移效果图 1

步骤 16　选中第 3 帧，选中"货"图层，轻移，将其与上参考线对齐，效果如图 6.3-15 所示。

图 6.3-15　动态轻移效果图 2

步骤 17　以相同方式完成第 4~9 帧的设置，完成"秒""杀""放""肆""新""春"6 个图层的轻移变换。

步骤 18　同时选中第 1~9 帧，更改时间为 0.2 秒，设置"循环方式"为"永远"，具体参数设置如图 6.3-16 所示。

图 6.3-16　时间轴参数设置

步骤 19　选择【文件】→【存储为 Web 所用格式】命令，将图像文件保存为 GIF 格式。

4. 任务训练

① 上网收集不同的动态 banner 图，并制作动态效果。

② 发挥创意，尝试将静态 banner 图改为动态 banner 图。

③ 结合自身网店产品，设计并制作一张动态 banner 图。

项目巩固

一、填空题

1. 根据内容不同，banner 图可以分为 ＿＿＿＿＿＿ banner 图、＿＿＿＿＿＿ banner 图和 ＿＿＿＿＿＿ banner 图。

2. 根据 ＿＿＿＿＿＿ 不同，banner 图可以分为简约风 banner 图、可爱风 banner 图、中国风 banner 图、立体风 banner 图、促销风 banner 图和科技风 banner 图等。

3. 星星、云朵、短线条等元素属于 ＿＿＿＿＿＿ 风格。

4. ＿＿＿＿＿＿ 风用色以蓝、黑、紫等冷色调为主，画面给人硬朗感、空间感、速度感和力量感；可以用到的点缀物有光效、金属效果、线条、光点、宇宙等。

5. ＿＿＿＿＿＿ 效果给人画面饱满的感觉，通过不同方式可以营造出立体效果，比如渐变、阴影、投影、再次变换等。常用的素材可以是商品展示台（圆柱、长方体）和球状点缀等。

二、判断题

1. 钻展是按照流量竞价售卖的广告位，计费单位为 CPC（按点击计费）。　　　　　　　　　　　　　　　　　　　　　　（　　）

2. banner 图只能是静态的。　　　　　　　　　　　　（　　）

3. 简约风最明显的特点就是留白，字体多采用宋体这样的衬线体，除一级标题字号略大些外，其他文案都较小，给人一种精致的感觉。（　　）

4. 活动 banner 图用于推广网店，图中一般包含店铺名称、店铺标语、店铺手淘二维码等。　　　　　　　　　　　　　　　　　（　　）

5. 从设计感来讲，动态 banner 图在设计方面可以更丰富些。从稳定性及优化方面来说，静态 banner 图会更好，占用空间也会更小。（　　）

模块四 商品设计与制作

项目 7

商品主、辅图设计与制作

项目目标

◎ **知识目标**
- 明确商品主、辅图的作用,掌握商品主、辅图的设计原则;
- 能够根据商品的特点,灵活地选择图片,并使用文字工具辅助完成主、辅图的设计;
- 掌握详情页整体设计的基本方法。

◎ **能力目标**
- 熟练使用 Photoshop 工具完成素材图片的处理;
- 熟练使用 Photoshop 工具完成主图制作;
- 熟练使用 Photoshop 工具完成辅图制作。

◎ **素养目标**
- 具有良好的职业道德和敬业精神;
- 培养团队合作意识及组织协调能力。

项目重点

- 掌握商品主、辅图的作用及功能;
- 构思与设计商品的主、辅图;
- 制作商品的主、辅图。

项目难点

- 能根据商品制作主图;
- 合理选择辅图。

> 项目要点

1. 主图

主图即打开详情页在左上角所看到的图片。随着网店竞争的日益升温,越来越多的商家认识到网店装修的重要性。由于网店本身的特点,买家只能通过图片了解商品,因此店铺详情页中的图片在买家决定是否购买时至关重要。

以淘宝为例,商品主图会经常出现在"搜索页""首页""商品详情页""宝贝分类页"这四个页面当中。主图的设计非常重要,它直接关系到买家会不会将视线转移到我们的商品上,能否产生好奇心,愿不愿意点击进去继续浏览商品详情页。

2. 辅图

在上传商品主图的时候,通常情况下我们会准备五张主图,第一张图我们习惯称它为主图,后面四张图我们称之为辅图,顾名思义,也就是辅助第一张主图的图片。纵观淘宝网店的主图位置,基本都遵循了这个规律。

在第一张主图体现不出细节及其他卖点等特性时,就需要后面四张辅图来表现商品独有的特点,让买家全方位了解商品信息。细节更能彰显品质,基本上大部分商品都会给买家提供细节展示。

3. 主图的功能

优质的主图主要具有以下三个功能:

① 抓住眼球。主图的设计讲究醒目和美观两个设计要点。

② 激发兴趣。图片的设计能够做到突出商品的特点,展示出商品的促销信息。

③ 促成点击。点击就意味着会增加店铺的流量,就会促成转化率的提高。

4. 商品主图的设计要点

商品主图的设计要点及作用如表 7.0-1 所示。

表 7.0-1　商品主图的设计要点及作用

序号	设计要点	作用
1	产品清晰	以产品为中心,不能让其他元素喧宾夺主
2	要有背景	可凸显产品本身从而吸引人的眼球
3	卖点突出	提升用户需求的卖点,并能提高转化率
4	可以设有价格	价格促销也是一种手段
5	可以有明确的促销信息	通过限时优惠来吸引买家下单
6	要有边框	可以更好地聚焦并增加点击量
7	最好有行为驱动指令	对客户来说是一种指引,为客户节省时间,在潜移默化中也能影响客户的消费心理

5. 各平台软件移动端店铺首页设计尺寸与要求

（1）淘宝

图片的构图方式是正方形（长宽比为1∶1），700像素×700像素以上的图片上传后系统自动提供放大镜功能，方便买家查看细节，但图片大小不能超过3 MB。图片格式支持 GIF、PNG、JPG、JPEG 格式。第五张图发布规范的白底图会大大增加手淘首页曝光机会。

（2）1+X 网店运营推广

商品图片建议尺寸为 750 像素×750 像素。

（3）ITMC 网店开设与装修实训软件

图片必须能较好地反映出该商品的功能特点，对顾客有很好的吸引力，保证图片有较好的清晰度。若为图文结合的图片，则文字不能影响图片的整体美观，不能本末倒置。

① PC 电商店铺要求：制作 4 张尺寸为 800 像素×800 像素、大小不超过 200 KB 的图片。

② 移动电商店铺要求：制作 4 张尺寸为 600 像素×600 像素、大小不超过 200 KB 的图片。

③ 跨境电商店铺要求：制作 6 张尺寸为 800 像素×800 像素、大小不超过 200 KB 的图片。

任务 7.1 设计并制作主图

1. 任务要求

本任务要求设计并完成商品主图的制作。根据淘宝店铺后台要求，以水果类目为例，完成相关制作。

2. 效果展示

要完成的商品主图效果图如图 7.1-1 所示。

图 7.1-1　商品主图效果图

3．操作步骤

步骤 1　启动 Photoshop CS6，新建 800 像素×800 像素的白底画布。

步骤 2　设置前景色为#339933，选择"油漆桶工具"，把背景填充成绿色。

步骤 3　选择"圆角矩形工具"，绘制一个大小为 757 像素×661 像素、半径为 10 像素的圆角矩形，填充白色，设置描边颜色为#66ff66、描边宽度为 3 点，效果如图 7.1-2 所示。

图 7.1-2　圆角矩形效果图

步骤 4 置入素材文件夹中的名为"橙子 1.jpeg"的图片,调整图片大小。将图片"橙子 1.jpeg"调整到白色圆角矩形之上,右击图片,创建剪贴蒙版。

步骤 5 选择"矩形工具",绘制一个 550 像素×160 像素的矩形,填充白色。将矩形 1 变形为一个上宽下窄的直角梯形,放置在左下角。

步骤 6 选择"横排文字工具",输入文字"新鲜夏橙",设置文本格式为微软雅黑、80 点、浑厚,填充前景色。

步骤 7 选择"横排文字工具",输入文字"爆甜多汁 果园直发",设置文本格式为方正粗黑宋简体、48 点,字体颜色为#ff9933,字间距为 180,描边颜色为白色,描边宽度为 1 像素,具体参数设置如图 7.1-3 所示。

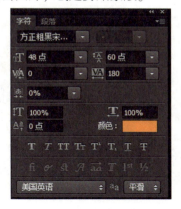

图 7.1-3 文字参数设置

步骤 8 选择"圆角矩形工具",绘制一个大小为 373 像素×120 像素、半径为 10 像素的圆角矩形,填充白色,设置描边颜色为#66ff66、描边宽度为 3 点。设置渐变叠加效果,具体参数设置如图 7.1-4 所示。

图 7.1-4 渐变叠加参数设置

步骤 9 选择"横排文字工具",输入文字"—吃货的最佳选择—",设置文本格式为微软雅黑、21 点,将文字置于圆角矩形 2 上,居中,完成制作。

知识拓展

商品主图需要通过恰当的设计和文案展现商品的卖点,以及能吸引顾客的点击,起到较好的引流效果,并且所有主图的风格和色调要统一,与网店的整体装修风格相协调。

4. 任务训练

① 模仿制作商品主图。

② 根据网店风格，制作其他商品主图。

任务 7.2 设计并制作辅图

1. 任务要求

本任务要求设计并完成商品辅图的制作。根据淘宝店铺后台要求，以水果类目为例，完成相关制作。

2. 效果展示

要完成的商品辅图效果图如图 7.2-1 所示。

图 7.2-1　商品辅图效果图

3. 操作步骤

步骤 1　启动 Photoshop CS6，新建 800 像素×800 像素的白底画布。

步骤 2　置入素材文件夹中名为"橙子 2. jpeg"的图片，栅格化图层，完成图片"橙子 2. jpeg"的抠图。

步骤 3　选择"横排文字工具"，输入文字"原生态种植"，设置文本格式为黑体、126 点，给文字添加渐变叠加和外发光效果，具体参数设置分别如图 7.2-2 和图 7.2-3 所示。

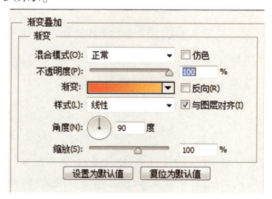

图 7.2-2　"渐变叠加"参数设置

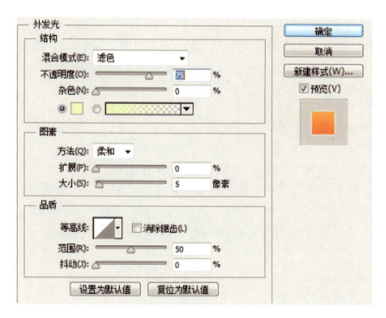

图 7.2-3 "外发光"参数设置

步骤 4 设置前景色为#339933,选择"矩形工具",绘制一个 800 像素×160 像素的矩形,填充前景色,放置在最底部。

步骤 5 选择"横排文字工具",输入文字"包邮",设置文本格式为黑体、90 点、# ff9933,用白色描边,描边宽度为 2 像素。输入文字"净果 10 斤 拍下 39.9 元",设置字体为宋体、字号为 50 点、文本颜色为前景色、描边宽度为 1 像素、描边颜色为#ccffff,并设置投影效果。设置数字"10"和"39.9"的字号为 75、颜色为#ffcc33。

步骤 6 用同样的方法设置文字"不催熟 不打蜡"的格式,完成辅图 1 的制作,具体效果如图 7.2-4 所示。

图 7.2-4 辅图 1 效果图

步骤7 打开素材文件夹中的"辅图2""辅图3""辅图4",用裁剪工具将其裁剪成800像素×800像素的正方形,依次完成辅图2、辅图3、辅图4的制作。

知识拓展

商品主辅图一般符合以下要求:
第一张,商品主图,吸引流量,增加点击量。
第二张,辅图1,打造营销氛围,提高转化率。
第三张,辅图2,卖点图或者服务特点,增加产品的竞争力。
第四张,辅图3,场景图,给买家代入感,突出宝贝的质量。
第五张,辅图4,一般是白底图,增加手淘曝光机会。

4. 任务训练
① 模仿制作商品辅图。
② 根据网店风格,制作其他商品辅图。

项目巩固

一、填空题

1. 商品主图一般出现在_____、_____、_____、_____等几个地方。
2. 商品主图一般都是正方形,尺寸为_____且具有放大镜功能。
3. 商品图片的格式支持_____、_____、_____、_____。
4. 商品主图设计一般有三个目的:_____、_____和_____。
5. 商品辅图在设计上,除了做一些必要的文字描述外,最好要具有_____。

二、判断题

1. 商品主图中可以添加水印。( )
2. 为避免审美疲劳,可使用图文结合的设计风格。( )
3. 商品主图的优劣是影响买家关注和点击的重要因素。( )
4. 保证商品主图的轮廓清晰,文字配比,不影响顾客对商品的易读性。( )
5. 在色彩搭配上,要注重层次,不要过于烦琐,否则会在视觉上给顾客造成负担,从而降低他们对整个店铺的好感。( )

项目 8

商品详情页设计与制作

项目目标

◎ **知识目标**

➢ 掌握详情页焦点图的设计与制作方法;
➢ 掌握详情页优惠券、商品搭配、商品推荐模块的设计与制作方法;
➢ 掌握详情页的商品信息、商品亮点、商品细节模块的设计与制作方法;
➢ 掌握详情页的售后模块的制作方法。

◎ **能力目标**

➢ 能够根据商品性质、特点设计出美观、实用、具有吸引力的详情页焦点图;
➢ 能够设计出与详情页整体风格相符,且能够为店铺引流的促销模块用图;
➢ 能够设计出与详情页整体风格相符,且体现出商品特点、优势和卖点展示模块用图。

◎ **素养目标**

➢ 具有良好的职业道德和敬业精神;
➢ 具有团队意识、良好的沟通与协调能力;
➢ 具有一定的数据归纳分析能力;
➢ 具有刻苦认真、勤奋努力的学习态度。

项目重点

设计并制作商品信息完整、画面美观的商品详情页。

项目难点

能根据商品的实际情况，整合商品的特点、卖点，设计出兼顾美观与信息传达的商品详情页。

项目要点

1. 商品详情页的功能

详情页的主要功能体现在两个方面：一是介绍商品。与传统的线下实体店经营所不同，消费者没有办法像在线下实体店那样直接接触到所要购买的商品，因此商品的详情页中的图文信息成了消费者了解网店商品的主要途径。二是提高转化率。详情页是消费者点击商品主图或其他促销页面进来的，在消费者已经对商品产生兴趣的前提下，进一步展示商品的细节、优势，从而使消费者发生购买行为。

2. 商品详情页的设计要素

焦点图、优惠券、商品搭配、商品推荐、商品信息、商品亮点、商品细节、售后等。

（1）焦点图的设计

焦点图是消费者点击进入详情页后看到的第一张图片，需要通过这张图片快速吸引消费者的注意力，对商品有一个初步、积极的认识。焦点图一般包括以下几个元素：产品展示、产品品牌、名称、产品宣传语、核心卖点、价格，等等。一般可以通过一些创意的表达方式来抓住消费者的眼球。

（2）优惠券的设计

项目 4 中对优惠券设计已经有了详细的描述，这里不再赘述。需要注意的是，详情页中的优惠券在设计风格、色彩搭配等方面要与整体保持一致。

（3）商品搭配的设计

商品搭配是详情页中体现促销功能的一部分，主要功能是展示详情页所介绍的商品搭配店铺内其他商品进行销售。搭配销售的原因可以是价格更加优惠，或者是产品之间存在功能上的互补，如真皮包具搭配保养工具进行销售等。因此在设计商品搭配时，要考虑到消费者的实际需求，注意详情页所介绍商品与搭配商品之间的内在联系。

（4）商品推荐的设计

商品推荐的主要功能是为店铺内其他正在销售的商品引入流量。如同商品搭配一样，推荐的商品应当与详情页所介绍的商品存在一定的关联性，且要符合消费者的潜在需求。

（5）商品信息的设计

顾名思义，商品信息就是介绍商品各项基本参数的模块，比如：尺寸、材质、颜色等，多以文字信息为主。在设计时，一般采用纯文字形式或者结合产品图形式。使用纯文字形式,需要在排版上做好文字信息的主次关系、对比和留白。在此基础上可以适当地以点、线、面或者光影效果进行装饰。使用结合产品图形式,比如将产品的长、宽、高等,通过线条标注的形式体现在产品图上,可以使画面更加丰富。

(6) 商品亮点的设计

商品的亮点模块主要是展示商品的优势,就是明确告诉消费者为什么要购买。展示出的亮点要有足够的说服力,要能够打动消费者,并且具有较高的产品识别度和长期宣传的价值。在页面设计上应当注意亮点的表达要直接、精准、有效。展示一个大的亮点的同时,还可以通过多个小的亮点证明。

(7) 商品细节的设计

商品的细节模块就是用放大细节的形式展示商品,通过展示消费者最为关注的产品的细节,突出产品的优势,并对细节图片进行进一步的描述,使消费者了解商品的材料、品质、工艺等特点。细节模块一般有两种表现形式:一是同时呈现商品本身和商品细节,通过图形化语言将细节图指向对应的商品部位;二是单独呈现商品的细节。排列布局时,应根据商品的特点、亮点及店铺的整体风格进行设计。

(8) 售后模块的设计

售后模块的功能主要是呈现店铺提供的售后服务。设计上做到信息传递完整,画面简洁明确即可。

3. 各平台软件移动端店铺首页设计尺寸与要求

(1) 淘宝

移动端和PC端使用同一套首页描述,高度最大为35 000像素。图片不宜过长,应适当切图。图片过长会影响图片的加载速度,影响消费者的观感,从而影响跳失率。

(2) 1+X网店运营推广

商品详情描述页面建议尺寸:宽为750像素,高度不限。商品详情描述如需切片上传,请根据实际商品详情描述尺寸进行切片。

(3) ITMC网店开设与装修实训软件

商品描述包含该商品的适用人群,以及对该类人群有何种价值与优势;商品信息可以允许有以促销为目的的宣传用语,但不允许过分夸张。

① PC电商店铺要求:运用HTML+CSS和图片配合对商品描述进行排版;要求使用Dreamweaver处理成HTML代码或者用Photoshop设计成图片后放入商品描述里。

② 移动电商店铺要求:商品详情页所有图片总大小不能超过1 536 KB;图片建议宽度为480~620像素,高度不超过960像素;当在图片上添加文字时,建议中文字体大于等于30号字,英文和阿拉伯数字大于等于20号字;若添加文字内容较多,可使用纯文本的方式进行编辑。

③ 跨境电商店铺要求：运用 HTML+CSS 和图片配合对商品描述进行排版；建议使用 Dreamweaver 处理成 HTML 代码或者用 Photoshop 设计成图片后放入商品描述里。

任务 8.1 设计并制作详情页焦点图

1. 任务要求

本任务要求设计并完成详情页焦点图的制作。根据淘宝店铺后台要求，以鞋靴类目为内容，完成相关制作。

2. 效果展示

要完成的焦点图效果图如图 8.1-1 所示。

图 8.1-1 焦点图效果图

3. 操作步骤

步骤 1 启动 Photoshop CS6，新建 750 像素×700 像素的白底画布。

步骤2 导入素材文件夹中的商品图片,将其与画布底端对齐,栅格化图层。使用"矩形选框工具" 选取素材图片右侧部分,如图8.1-2所示。按住【Ctrl】+【Alt】键拖动选框内容进行复制,效果如图8.1-3所示。

图8.1-2 建立选框

图8.1-3 移动复制选框

步骤3 按【Ctrl】+【T】键,打开自由变换模式,点击右键,选择水平翻转。按回车键退出自由变换模式。继续按住【Ctrl】+【Alt】键移动复制,注意左侧阴影部分要移出画面外,使填补部分明度与下方衔接。待填补的空白部分如图8.1-4所示。

步骤4 使用"矩形选框工具"选取白色部分,填充颜色#a0a0a0,然后选择"修补工具" ,将选框平移至右侧进行画面修补,过程如图8.1-5所示。修补完成后按【Ctrl】+【D】键关闭选框。

图8.1-4 填补空白

图8.1-5 修补过程

步骤5 此时画面背景上有一些比较明显的交界线,选择"矩形选框工具" ,先选中交界线,再使用修补工具进行修补,效果如图8.1-6所示。

111

图 8.1-6　背景完成修补

步骤 6　选择"横排文字工具",在画面的右上方输入文字"美罗 MERO",设置字体为宋体、字体大小为 60 点、字体颜色为#ffffff。

步骤 7　选择"自定义形状工具" ,在状态栏选择注册商标图案,如图 8.1-7 所示,在"美罗"的右上方绘制注册商标标志,大小为 18 像素×18 像素,填充颜色#ffffff。

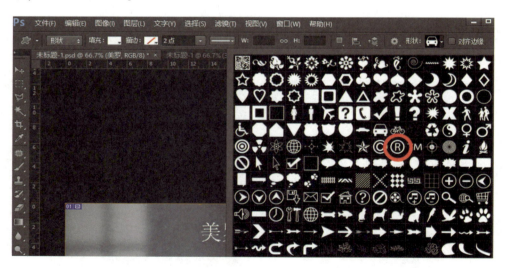

图 8.1-7　选择注册商标图案

步骤 8　选择"矩形工具",在注册商标标志与"MERO"中间绘制 2 像素×55 像素的矩形,填充颜色#ffffff,与文字居中对齐。

步骤 9　选择"横排文字工具",在"美罗"下方输入文字"2021 夏季新款 男士布洛克鞋",设置字体为宋体、字体大小为 32 点、字体颜色为#ffffff,与

"MERO"右对齐。

步骤 10 选择"矩形工具",在"2021夏季新款 男士布洛克鞋"下方绘制320像素×40像素的矩形。

步骤 11 设置填充为透明色,描边宽度为1点,描边颜色为#ffffff。

步骤 12 选择"横排文字工具",输入文字"手工精美雕花 英伦绅士风范",设置字体大小为24点、字体颜色为#ffffff,与矩形对齐。整体效果如图8.1-8所示。

图 8.1-8 文字效果

步骤 13 接下来制作光线效果,选择"矩形工具",绘制100像素×150像素的矩形,填充白色,按【Ctrl】+【Alt】键拖动复制3个矩形,使其排列成"田"字形,然后按【Ctrl】+【T】键使其自由变换,过程如图8.1-9所示。

图 8.1-9 光线效果绘制

步骤 14 完成变换后,选中光线效果所在的图层,图层混合模式选择"柔光"。执行【滤镜】→【模糊】→【高斯模糊】命令,设置半径为10像素,单击"确定"按钮后,按【Ctrl】+【F】键再次执行滤镜操作,完成制作。

知识拓展

制作详情页的过程中我们需要使用大量的对齐操作,除了使用移动工具自带的对齐功能以外,我们还可以通过"网格"功能来辅助对齐。执行【编辑】→【首选项】→【参考线、网格和切片】命令,可设置网格,在制作过程中可以参考网格进行对齐(图 8.1-10),通过快捷键【Ctrl】+【"】开启/关闭网格。

图 8.1-10　使用网格辅助对齐

4. 任务训练

① 模仿制作焦点图。

② 结合自身网店产品,设计并制作店铺详情页的焦点图。

任务 8.2　设计并制作优惠券

1. 任务要求

本任务要求设计并完成详情页优惠券的制作。根据淘宝店铺后台要求,以鞋靴类目为内容,完成相关制作。

2. 效果展示

要完成的优惠券效果图如图 8.2-1 所示。

项目 8
商品详情页设计与制作

图 8.2-1　优惠券效果图

3．操作步骤

步骤 1　启动 Photoshop CS6，新建 750 像素×210 像素的白底画布。

步骤 2　选择"矩形工具"，在顶端和底端各绘制一个 750 像素×6 像素的矩形，填充颜色#f39800，使用钢笔在两个矩形之间绘制平行线段，设置填充为无颜色、描边颜色为#f39800、描边宽度为 2 点，描边选项选择虚线，效果如图 8.2-2 所示。

图 8.2-2　优惠券背景效果图

> **知识拓展**
>
> 　　矢量图形的描边可以在状态栏中进行设置。例如，描边的颜色、位置、虚线描边的形状、间隙等，如图 8.2-3 所示。
>
>
>
> 图 8.2-3　描边设置

115

步骤 3 选择"横排文字工具",输入文字"优惠券领取",设置字体为微软雅黑、字体大小为 24 点、字体颜色为#000000,段落对齐方式为居中。选择"横排文字工具",输入"Coupons",设置字体为微软雅黑、字体大小为 18 点、字体颜色为#f39800,段落对齐方式为居中。

知识拓展

使用"文字工具"输入文字有两种方式:一是单击文字工具,直接跳出光标,输入文字不会自动换行;二是按住左键拉出一个文字框,输入文字后,文字长度触及边框后会自动换行。一般来说,大段文字需要建立文字框,标题文字单击输入即可。

步骤 4 使用"矩形工具",绘制一个 250 像素×1 像素的矩形,与"优惠券领取""Coupons"文字水平居中对齐,效果如图 8.2-4 所示。

图 8.2-4 优惠券领取

步骤 5 使用"矩形工具",绘制一个 230 像素×115 像素的矩形,填充颜色#2e8e9a;绘制一个 205 像素×90 像素的矩形,填充透明,用#ffffff、1 点描边,两个矩形水平、垂直居中对齐;使用"圆角矩形"工具 ,在虚线边框靠下位置,绘制大小为 160 像素×30 像素、圆角半径为 5 像素的圆角矩形,填充透明,设置描边颜色为#ffffff、描边类型为实线、描边宽度为 1 点,与矩形水平居中对齐,效果如图 8.2-5 所示。

图 8.2-5 优惠券背景

步骤 6 选择"横排文字工具",在圆角矩形上方输入文字"满 100 减 5元",设置字体为微软雅黑、字体大小为 30 点、字体颜色为#ffffff;在圆角矩形居中位置,输入文字"点击领取",设置字体为微软雅黑、字体大小为 30 点、字体颜色为#ffffff。将制作好的优惠券复制两份,水平平均分布,按如图 8.2-1 所示修改促销文字内容,将中间的矩形填充颜色改为#f39800。

4. 任务训练

① 模仿制作详情页优惠券。
② 结合自身网店产品,设计并制作店铺详情页的优惠券模块。

任务 8.3 设计并制作商品推荐

1. 任务要求

本任务要求设计并完成详情页商品推荐模块。根据淘宝店铺后台要求,以鞋靴类目为内容,完成相关制作。

2. 效果展示

要完成的商品推荐模块效果图如图 8.3-1 所示。

图 8.3-1 商品推荐模块效果图

3. 操作步骤

步骤 1 启动 Photoshop CS6,新建一个 750 像素×330 像素的白底画布。
步骤 2 参考任务 4.1 中的步骤 2~7,完成"商品推荐"分栏,效果如图 8.3-2 所示。

图 8.3-2 "商品推荐"分栏效果图

步骤 3　选择"矩形工具",绘制 235 像素×35 像素的矩形,填充颜色 #f37a20。绘制两个 230 像素×165 像素的矩形,一个填充颜色#ffffff,设置描边颜色为#f37a20、描边宽度为 2 点、描边类型为实线;另一个填充透明,设置描边颜色为#f37a20、描边宽度为 2 点、描边类型为虚线。三个矩形上下左对齐排列,如图 8.3-3 所示。

图 8.3-3　商品推荐框架

步骤 4　选择"横排文字工具",输入文字"高帮马丁靴",设置字体为微软雅黑、字体大小为 24 点、字体颜色为#ffffff,将其置于上方的矩形中。

步骤 5　导入素材文件夹中的"高帮马丁靴"图片,将其缩放至合适的大小,并放入下方的矩形中。将素材图片图层放在白色矩形上层,按住【Alt】键,将鼠标移动到两个图层之间,待鼠标图案变化后,单击左键,如图 8.3-4 所示。

图 8.3-4　"高帮马丁靴"商品推荐效果图

步骤 6　用同样的方法制作另外两个商品推荐,将中间的矩形颜色换成#2e8e9a,三个商品的推荐水平平均分布,效果如图 8.3-1 所示。

4．任务训练

① 模仿制作商品推荐模块。

② 结合自身网店产品,设计并制作详情页商品推荐模块。

任务 8.4 设计并制作商品搭配

1. 任务要求

本任务要求设计并完成详情页商品搭配模块。根据淘宝店铺后台要求，以鞋靴类目为内容，完成相关制作。

2. 效果展示

要完成的商品搭配效果图如图 8.4-1 所示。

图 8.4-1　商品搭配效果图

3. 操作步骤

步骤 1　启动 Photoshop CS6，新建 750 像素×420 像素的白底画布。

步骤 2　参考任务 4.1 中的步骤 2～7，完成"商品搭配"分栏，效果如图 8.4-2 所示。

图 8.4-2　"商品搭配"分栏效果图

步骤3 选择"矩形工具",绘制335像素×335像素的矩形,填充颜色#eeeeee。

步骤4 选择"横排文字工具",输入文字"FASHION",设置字体为宋体、字体大小为48点、字间距为60、字体颜色为#d2d2d2,将其置于矩形右上角。

步骤5 选择"椭圆工具",绘制一个直径为34像素的圆形,填充颜色#f39800。选择"矩形工具",绘制一个34像素×120像素的矩形,填充颜色#f39800。将圆形和矩形拼贴成如图8.4-3所示的样子。

步骤6 选择"横排文字工具",输入文字"欧美街拍套餐",设置字体为宋体、字体大小为18点、字间距为60、字体颜色为#ffffff,将其居中置于橙色图形中。

步骤7 选择"横排文字工具",输入文字"休闲夹克 牛仔裤 布洛克鞋",设置字体为宋体、字体大小为18点、字间距为60、行距为30点、字体颜色为#000000,段落右对齐,将文字置于矩形右边。

步骤8 选择"横排文字工具",输入文字"立省69元",设置字体为宋体、字体大小为18点、字间距为60、字体颜色为#000000。输入"——优惠价1599元",设置字体为黑体,"——优惠价"的字体大小为18点,"1599"的字体大小为36点,"元"的字体大小为12点,段落右对齐。选择"矩形工具",绘制36像素×1像素的矩形,填充颜色#000000。文字按如图8.4-4所示进行排列。

图8.4-3 商品搭配背景

图8.4-4 文字排列

步骤8 对素材进行抠图,导入画布并调整至合适的大小,按如图8.4-1所示的效果图进行排列。用同样的方法制作另一个商品搭配,将装饰形状颜色改为#2e8e9a,调整文字内容。

4. 任务训练

① 模仿制作商品搭配模块。

② 结合自身网店产品,设计并制作详情页商品搭配模块。

任务 8.5 设计并制作商品信息

1. 任务要求

本任务要求设计并完成详情页商品信息模块。根据淘宝店铺后台要求，以鞋靴类目为内容，完成相关制作。

2. 效果展示

要完成的商品信息效果图如图 8.5-1 所示。

图 8.5-1 商品信息效果图

3. 操作步骤

步骤 1 启动 Photoshop CS6，新建 750 像素×700 像素的白底画布。

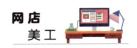

步骤 2　参考任务 4.1 中的步骤 2～7，完成“商品信息”分栏，效果如图 8.5-2 所示。

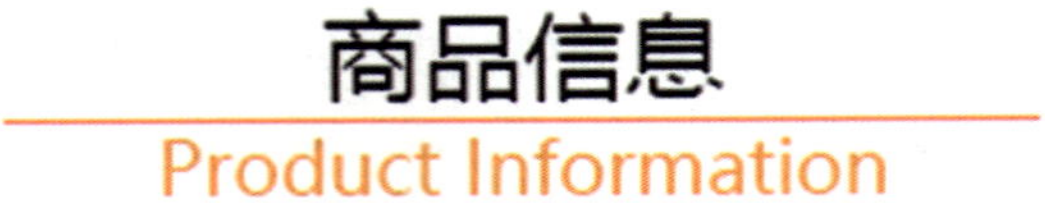
商品信息
Product Information

图 8.5-2　“商品信息”分栏效果图

步骤 3　选择“矩形工具”，绘制 700 像素×650 像素的矩形，填充颜色 #eeeeee。执行【滤镜】→【模糊】→【高斯模糊】命令，设置半径为 15 像素，调整图层顺序，将矩形作为背景。

步骤 4　选择“钢笔工具”，绘制水平方向、长度为 655 像素的路径，设置虚线描边，描边颜色为#a0a0a0，描边宽度为 2 像素。按住【Ctrl】+【Alt】键，拖动路径复制三个相同的虚线，居中对齐，间距为 60 像素，如图 8.5-3 所示。

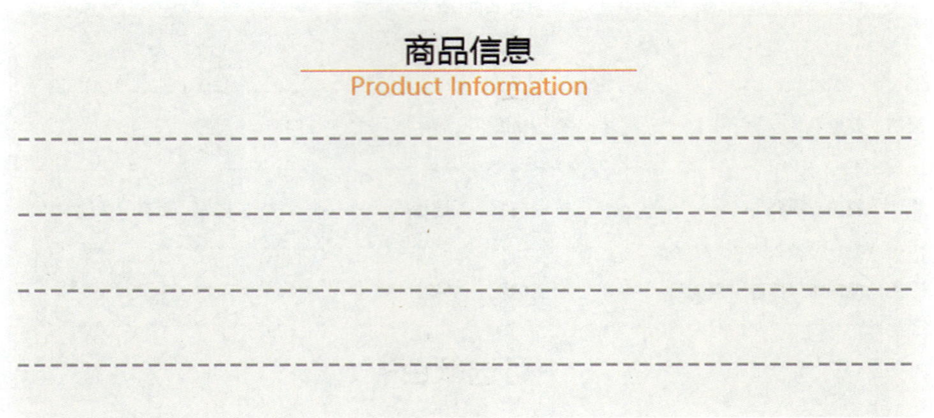
商品信息
Product Information

图 8.5-3　商品信息背景

步骤 5　选择“横排文字工具”，输入效果图中的三段文字，设置字体为微软雅黑（light）、字体大小为 4 点、字体颜色为#000000、行距为 60 像素，段落左对齐。三段文字水平居中分布，按如图 8.5-4 所示进行排列。

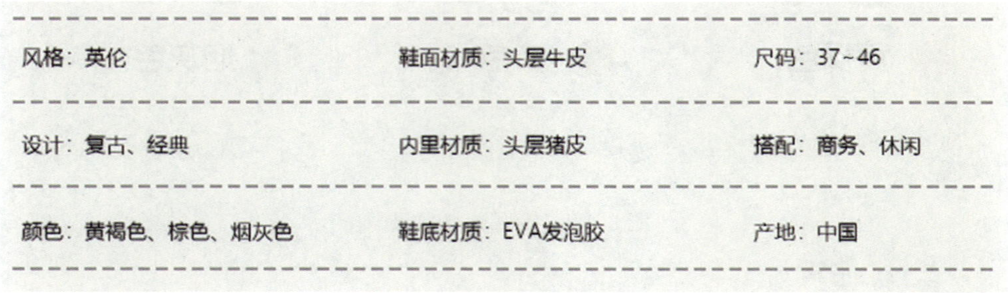
风格：英伦
鞋面材质：头层牛皮
尺码：37～46
设计：复古、经典
内里材质：头层猪皮
搭配：商务、休闲
颜色：黄褐色、棕色、烟灰色
鞋底材质：EVA发泡胶
产地：中国

图 8.5-4　商品信息文字排列

步骤 6 选择"横排文字工具",在商品信息下方输入"-可选颜色-",设置字体为微软雅黑、字体大小为 24 点、字体颜色为#000000,排列居中。

步骤 7 使用"矩形工具",绘制三个 210 像素×185 像素的矩形,导入三张素材图片,对应创建剪贴蒙版,并在三张图片下方分别输入文字"黄褐色""棕色""烟灰色",设置字体为微软雅黑、字体大小为 24 点、字体颜色为#000000,分别与素材图片居中排列。

步骤 8 使用"椭圆工具"分别在颜色文字前绘制直径为 30 像素的圆形,分别填充颜色#ffaf28、#ba270e、#7f7f7f。完成后效果如图 8.5-5 所示。

图 8.5-5 可选颜色

4. 任务训练

① 模仿制作商品信息模块。

② 结合自身网店产品,设计并制作详情页商品信息模块。

任务 8.6 设计并制作商品亮点

1. 任务要求

本任务要求设计并完成详情页商品亮点模块。根据淘宝店铺后台要求,以鞋靴类目为内容,完成相关制作。

2. 效果展示

要完成的商品亮点效果图如图 8.6-1 所示。

图 8.6-1 商品亮点效果图

3. 操作步骤

步骤 1 启动 Photoshop CS6，新建 750 像素×2 600 像素的白底画布。

步骤 2 参考任务 4.1 中的步骤 2~7，完成"商品亮点"分栏，将文字、矩形的颜色均改为#000000，效果如图 8.6-2 所示。

图 8.6-2 "商品亮点"分栏效果图

步骤 3 导入四张素材图片，依照效果图的顺序首尾排列，置于底层。

步骤 4 复制焦点图中的"美罗"等元素，将文字、矩形的颜色均改为#000000，居中排列。在下方使用"横排文字工具"拉出文字框，宽度与"美罗"相同，输入文案，效果如图 8.6-3 所示。

项目 8
商品详情页设计与制作

图 8.6-3　商品亮点品牌优势

步骤 5　选择"横排文字工具",输入效果图中的文字,设置字体为微软雅黑、标题字号为 36 点、正文字号为 14 点、行距为 18 点、字体颜色为#000000,段落左对齐,首行缩进 28 点。标题与正文左对齐,排列于第二张素材图片的左下方。

步骤 6　新建 20 像素×20 像素的白底画布。使用"椭圆工具",绘制两个直径为 5 像素的圆,填充透明,用#000000、1 点描边,分别置于右上角和右下角;绘制一个直径为 12 像素的圆,用#000000、1 点描边,置于居中偏左的位置,如图 8.6-4 所示,然后执行【编辑】→【定义画笔预设】命令。将窗口切回到商品亮点。

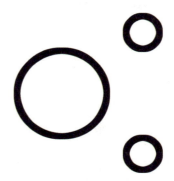

图 8.6-4　画笔预设绘制

步骤 7　选择"钢笔工具",在工具属性栏中设置"工具模式"为"路径",在"Patina 手工擦色"文字上方画一条水平直线路径(可以画长一点),如图 8.6-5 所示。

图 8.6-5　路径绘制

步骤8 新建一个图层,命名为"花纹"。设置前景色为#ffffff,选择"画笔工具",按【F5】键打开画笔面板,在右侧菜单中找到之前设置的画笔预设,点击后,在画笔笔尖形状中设置间距为100%,按回车键,可获得如图8.6-6所示的花纹。

图8.6-6 新建"花纹"图层

步骤9 选择"路径选择工具",选中之前钢笔绘制的路径,垂直向下移动。选择"花纹"图层,然后选择默认圆形画笔,在画笔面板中将画笔大小调整为2像素,硬度调整为100%,间距调整为300%,按回车键,可获得圆点虚线的效果。复制虚线和花纹,按如图8.6-7所示调整位置。

图8.6-7 花纹完成

> **知识拓展**
>
> 淘宝等购物平台对上传图片的大小有限制。在单张图片过大的情况下，可以选择"切片工具"，点击右键，选择"划分切片"，设置切片大小以使图片符合平台要求。

步骤 10 用同样的方法制作第三个亮点的花纹、文字，完成后效果如图 8.6-8 所示。

图 8.6-8　第三个亮点

步骤 11 参照步骤 4 完成最后一个亮点的制作。设置字体为微软雅黑，"美罗"的字体大小为 36 点，"穿出时尚"的字体大小为 48 点，正文与之前制作的正文部分相同。完成后如图 8.6-9 所示。

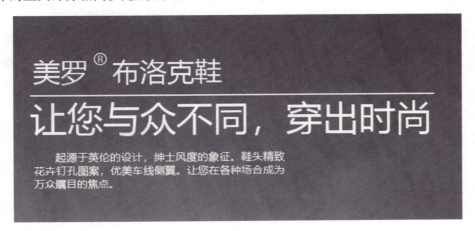

图 8.6-9　最后一个亮点

4. 任务训练

① 模仿制作商品亮点模块。

② 结合自身网店产品，设计并制作详情页商品亮点模块。

任务 8.7 设计并制作商品细节

1. 任务要求

本任务要求设计并完成详情页商品细节模块。根据淘宝店铺后台要求，以鞋靴类目为内容，完成相关制作。

2. 效果展示

要完成的商品细节效果图如图 8.7-1 所示。

图 8.7-1　商品细节效果图

3. 操作步骤

步骤 1　启动 Photoshop CS6，新建 750 像素×2 575 像素的白底画布。

步骤 2　参考任务 4.1 中的步骤 2~7，完成"商品细节"分栏，效果如

图 8.7-2 所示。

商品细节
Details

图 8.7-2　"商品细节"分栏效果图

步骤 3　使用"矩形工具"绘制 750 像素×1 300 像素的矩形，填充颜色 #eeeeee。导入素材文件夹中的图片，将其调整至合适的大小，底端与矩形对齐。选中素材图片，单击图层面板的混合模式下拉菜单，选择"柔光"模式。效果如图 8.7-3 所示。

步骤 4　导入素材，抠除背景，将其置于画面左侧。使用"椭圆工具"绘制 3 个直径为 165 像素的圆，靠画面右侧垂直居中分布，填充颜色 #ffffff，设置描边颜色为 #f39800、描边宽度为 3 点。使用"矩形工具"分别在每个圆下方绘制 180 像素×115 像素的矩形。效果如图 8.7-4 所示。

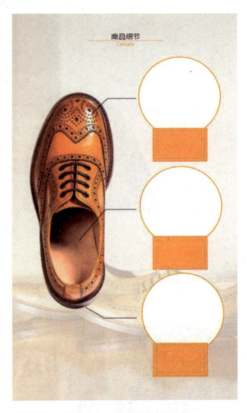

图 8.7-3　细节图背景　　　　图 8.7-4　商品细节布局

步骤 5　导入 3 张素材图片，在图层面板中，将素材图层排列到对应的圆图层上一层，参照任务 8.3 中的步骤 5，将素材置于圆中。效果如图 8.7-5 所示。

步骤6　在橙色矩形中，使用"横排文字工具"输入对应的文案，设置字体为微软雅黑、字体大小为36点、字体颜色为#ffffff、行距为48点。完成后新建图层，设置前景色为#000000，使用"画笔工具"，设置画笔大小为2像素，硬度为100%，在画布上单击，绘制一个点后按住【Shift】键，再次在画布上单击，即可绘制直线。也可以用钢笔进行描边操作。最后的效果如图8.7-6所示。

图8.7-5　图片置入效果

图8.7-6　引导线放大效果

步骤7　参考之前的步骤，制作剩余两个细节，字体参数与上一步骤相同。效果如图8.7-7所示。

图8.7-7　细节展示

4. 任务训练
① 模仿制作商品细节模块。
② 结合自身网店产品，设计并制作详情页商品细节模块。

任务 8.8 设计并制作售后服务模块

1. 任务要求

本任务要求设计并完成详情页售后服务模块。根据淘宝店铺后台要求，以鞋靴类目为内容，完成相关制作。

2. 效果展示

要完成的售后服务效果图如图 8.8-1 所示。

图 8.8-1　售后服务效果图

3. 操作步骤

步骤 1　启动 Photoshop CS6，新建 750 像素×565 像素的白底画布。

步骤 2　使用"矩形工具"，绘制 250 像素×565 像素的矩形，填充颜色 #f39800。使用"椭圆工具"绘制直径为 200 像素的圆，填充颜色 #ffffff；使用

"椭圆工具"绘制直径为200像素的圆,填充颜色#ffffff,设置描边颜色为#f39800、描边宽度为2点。将两个圆的中心对齐后,置于矩形中上部分,与矩形垂直中心对称,效果如图8.8-2所示。

步骤3 使用"横排文字工具"拉出文字框,输入文案,设置字体为微软雅黑、字体大小为18点、行距为30点、字体颜色为#ffffff。完成后复制分栏背景和文字(注意要修改对应的文案内容),使其水平居中分布。将中间的矩形的描边颜色修改为#2e8e9a。效果如图8.8-2所示。

步骤4 参考任务4.1中的步骤2~7,完成"售后服务"分栏,修改颜色为#ffffff,并在底部增加一个矩形,延长宽度至画布边缘,效果如图8.8-2所示。

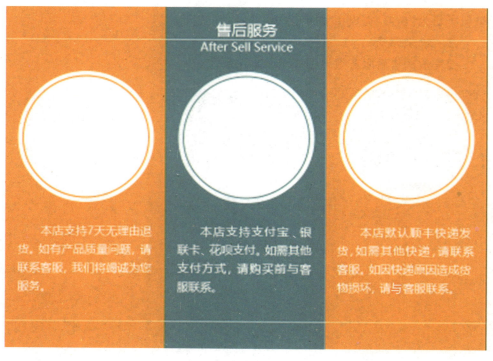

图8.8-2 售后服务样式

步骤5 导入素材文件夹中的图片,参考任务8.7中的步骤3将素材图片以"柔光"的混合模式作为背景,效果如图8.8-3所示。

项目 8
商品详情页设计与制作

图 8.8-3　图片置入效果

知识拓展

图片置入过程中，可能会由于尺寸问题出现明显的交界线。我们可以通过在素材图片上添加图层蒙版来处理。选中素材所在的图层，单击图层面板上的"添加图层蒙版"按钮 ，添加图层蒙版。设置前景色为#000000、背景色为#ffffff，选中蒙版，使用"渐变工具"，设置"前景色到背景色渐变"模式，在蒙板上绘制如图 8.8-4 所示的效果（蒙版中不可见），即可自然消除交界线，获得步骤 5 的效果。

图 8.8-4　蒙版的使用

步骤 6　使用"横排文字工具"输入"7""￥"字符，设置字体为微软雅黑，颜色与背景对应，字号大小可以在完成文字输入后，按【Ctrl】+【T】键使其缩放到合适的大小；使用"自定义形状工具"，在下拉菜单中选中汽车图

133

案，汽车图案的颜色与背景对应，并将其缩放至合适的大小。将三个图案分别置于对应的图形中居中排列。效果如图8.8-5所示。

图8.8-5　图标完成效果图

4．任务训练

① 模仿制作售后服务模块。

② 结合自身网店产品，设计并制作详情页售后服务模块。

一、填空题

1．详情页的主要功能是_____和_____。

2．_____是消费者点击进入详情页后看到的第一张图片，需要通过这张图片快速吸引消费者的注意力，对商品有一个初步的、积极的认识。

3．顾名思义，商品信息就是介绍商品各项_____的模块，如尺寸、材质、颜色等，多以_____为主。

4．细节模块一般有两种表现形式：一是_____呈现商品本身和商品细节，通过图形化语言将细节图指向对应的商品部位；二是_____呈现商品的细节。

5．详情页展示出的亮点要有足够的_____，要能够打动消费者，并且具有较高的_____和_____。

二、判断题

1．详情页越长越好。（　　）

2．详情页的焦点图包含了产品的详细信息和基本参数。（　　）

3．详情页的商品信息模块在设计时，一般采用纯文字形式或者结合产品图形式。（　　）

4．详情页的商品亮点模块在页面设计上应当注意亮点的表达要直接、精准、有效，展示一个大的亮点的同时，还可以通过多个小的亮点证明。（　　）

5．售后模块应当简洁明了。（　　）

附 录

"网店美工"课程标准

适用专业： 电子商务　　**建议课时数：** 72　　**学分：** 4
先修课程： 图形图像处理、视觉设计
后续课程： 网店运营综合实训、电子商务运营

一、前言

1. 课程的性质

该课程是江苏省五年制高职电子商务专业的一门专业核心课程。

其任务是通过学习，学生要明确网店美工岗位职责，了解网店美工应具素养，掌握美工设计要领；从网店首页设计、促销设计、商品设计三大板块入手，完成典型网店的内容设计与制作。此外，通过本课程的学习，培养学生踏实认真、精益求精、团结合作的创新精神，以及良好的职业素质。

2. 设计思路

该课程是依据五年制高职电子商务专业人才培养方案设置的。其总体设计思路是打破以知识传授为主要特征的传统学科课程模式，转变为以工作任务为中心组织课程内容，并让学生在完成具体项目的过程中学会完成相应工作任务，并构建相关理论知识，发展职业能力。

课程内容突出对学生职业能力的训练，理论知识的选取紧紧围绕工作任务完成的需要来进行，同时又充分考虑了高等职业教育对理论知识学习的需要，融合了相关职业资格证书对知识、技能和态度的要求，本教材特别融入了电子商务运营技能大赛、1+X考证要求，真正做到岗、证、课、赛相结合。

教学过程中，立足学生实际，注重学生自主学习、合作学习和个性化教学，根据进阶项目的逐个完成，培养学生学习自主性、创造性和成就感，发展职业能力，提高学生的就业竞争力和综合素质。

二、课程目标

根据本专业的培养目标和人才规格，按照知识、能力、素养三个维度的分析方法，概括出本课程的目标。

1．知识目标

① 熟悉网店美工岗位职责与应具备的职业素养。

② 掌握美工色彩、布局、文字、文案等相关设计要领。

③ 明确 PC 端、移动端首页相关要素内容。

④ 掌握促销图中的要素与不同风格元素。

⑤ 明确主辅图的区别与关联。

⑥ 掌握商品详情页中不同模块的重要性。

2．能力目标

① 熟练使用工具栏中各项工具。

② 熟练使用基础操作完成首页设计与制作。

③ 熟练使用时间轴工具制作动态 banner 图。

④ 掌握主辅图设计要素的制作方法。

⑤ 熟练设计并制作商品详情页。

3．素养目标

① 具有较强的动手能力。

② 能自觉完成并有创新意识。

③ 具有较强的图像创意思维、艺术设计素质。

④ 具有团队精神和合作意识，具有协调与沟通能力和组织管理能力。

三、课程内容和要求

模块	项目	任务内容、思政内容及要求	参考课时
模块一 网店美工概述	项目1 初识网店美工	任务1.1　了解网店美工 了解网店美工的定义，了解相应岗位职责与工作内容，了解网店美工需要遵循的设计原则；培养学生的就业意识	1
		任务1.2　了解网店美工应具备的素养 了解作为网店美工应具备的专业素养，锻炼相应专业能力，培养学生的责任意识和创新意识	1
	项目2 网店美工设计要领	任务2.1　认识色彩搭配 了解色彩基础知识，进行网页设计配色；能熟练运用色彩知识进行网店风格确定，提高学生审美和艺术创造能力	1
		任务2.2　了解版式布局 了解图片结构布局、页面布局和构图方式，明确不同布局的展现效果，提高学生思维拓展能力	1
		任务2.3　熟练运用文字 了解文字设计的原则，了解文字的组合方式，培养学生的设计能力	2
		任务2.4　掌握文案撰写技巧 明确不同文案表现形式，学会提炼商品、活动等文案，学会编写文案，培养学生总结归纳能力	2

附录 "网店美工"课程标准

续表

模块	项目	任务内容、思政内容及要求	参考课时
模块二 首页设计 与制作	项目3 PC端店铺 首页设计 与制作	任务3.1 设计并制作店标 了解店标的表示方法，能模仿制作店标，能独立设计店标并制作，培养学生勇于创新的思维和能力	2
		任务3.2 设计并制作店招 能区分店标与店招；了解PC端与手机端店招的不同，能模仿制作店招，培养学生严谨、规范、细致的职业素养和实践能力	2
		任务3.3 设计并制作导航条 明确导航条的位置与尺寸，掌握导航条的制作要求，培养学生认真细致的能力	2
		任务3.4 设计并制作焦点图 明确焦点图设计要素，熟练掌握图中元素，了解基本框架，培养学生严谨、规范、细致的职业素养和实践能力	2
		任务3.5 设计并制作分流导航区 了解分流导航区的作用，能根据不同功能制作导航区，培养学生的分类整理能力	2
		任务3.6 设计并制作商品促销模块 明确商品促销模块的重要性，了解商品促销制作的方式，培养学生归纳卖点的能力	2
		任务3.7 设计并制作收藏区与客服模块 了解首页收藏区的重要性，了解售前、售后客服的区别	2
	项目4 移动端店铺 首页设计 与制作	任务4.1 设计并制作爆款推荐区 掌握爆款推荐的制作方式，熟悉不同分区间的联系与区别	2
		任务4.2 设计并制作新品首发区 掌握新品首发区的制作方式，强调新品的特点，培养学生活动意识	2
		任务4.3 设计并制作产品分类区 掌握产品分类区的制作方式，学会将商品进行分类，有产品分类意识	2
模块三 促销设计 与制作	项目5 直通车主图 设计与制作	任务5.1 设计并制作限时促销主图 熟练进行产品美化和处理，学会商品抠图、调色、搭配等，培养学生的细节处理能力	2
		任务5.2 设计并制作直通车主图 熟练进行文字的变形和美化，掌握字体变化方式，培养学生勇于创新的思维和能力	2
		任务5.3 设计并制作促销标签 掌握主图的标志制作，学会寻找产品卖点；熟练制作产品主图，培养学生勇于创新的思维和能力	2

137

续表

模块	项目	任务内容、思政内容及要求	参考课时
模块三 促销设计与制作	项目6 钻展推广图设计与制作	任务6.1 设计并制作内容banner图 能够区分活动banner图、单品banner图、店铺banner图；培养学生严谨、规范、细致的职业素养和实践能力	4
		任务6.2 设计并制作风格banner图 能够根据网店销售商品性质确定banner图风格，培养学生严谨、规范、细致的职业素养和实践能力	4
		任务6.3 设计并制作形式banner图 掌握静态banner图与动态banner图的区别，能够熟练根据需要设计动态banner图，培养学生勇于创新的思维和能力	4
模块四 商品设计与制作	项目7 商品主、辅图设计与制作	任务7.1 设计并制作主图 掌握主图的制作方法，学会寻找产品卖点，熟练进行产品美化，培养学生勇于创新的思维和能力	4
		任务7.2 设计并制作辅图 熟练制作辅图，能制作辅图元素，明确主辅图的关联，培养学生的主次概念	4
	项目8 商品详情页设计与制作	任务8.1 设计并制作详情页焦点图 掌握详情页焦点图的设计制作方法，能够根据商品性质、特点设计出美观、实用、具有吸引力的详情页焦点图	4
		任务8.2 设计并制作优惠券 能独立制作优惠券，培养学生勇于创新的思维和能力，培养学生的数据归纳分析能力	2
		任务8.3 设计并制作商品推荐 能独立制作商品推荐图，培养学生严谨、规范、细致的职业素养和实践能力	2
		任务8.4 设计并制作商品搭配 能明确商品搭配和商品推荐的区别，能独立制作商品搭配图，培养学生严谨、规范、细致的职业素养和实践能力	2
		任务8.5 设计并制作商品信息 能独立制作商品规格图，培养学生勇于创新的思维和能力	2
		任务8.6 设计并制作商品亮点 能够设计出与详情页整体风格相符合，体现出商品特点、优势和卖点展示模块用图	2
		任务8.7 设计并制作商品细节 掌握商品展示区的内容，培养学生严谨、规范、细致的职业素养和实践能力	2

续表

模块	项目	任务内容、思政内容及要求	参考课时
模块四 商品设计 与制作	项目8 商品详情页 设计与制作	任务8.8 设计并制作售后服务模块 掌握价格走势图的制作方法,能快速制作邮资说明;明确返回首页的重要性,培养学生严谨、规范、细致的职业素养和实践能力	2
合计			72

四、实施建议

1. 教学建议

（1）教学方法

采取项目教学、案例教学、模拟教学、实战演练等灵活多样的教学方法，以工作任务为出发点来激发学生的学习兴趣；教学体现"教师为主导，学生为主体，训练为主线"的原则，课堂上可以采用"四阶段教学法"，将"岗、证、课、赛"融为一体。

第1个阶段，引入案例，提出问题。

通过案例演示，提出问题，给出知识点，讲解案例应用背景，给学生一个切入点，建立感性认识。目的是激发学生的学习兴趣，让学生感到学有所用，从而明确本次课的教学目标。

第2个阶段，学生自主学习，尝试解决问题。

充分利用我校以及互联网网络教学资源，引导学生自主学习，找到解决问题的方法和操作技巧，培养学生的自主学习意识和学习方法。学生在学习和尝试解决问题的过程中，发现问题，提出问题，在问题的引导下学习相关的知识和操作技巧。

第3个阶段，归纳总结，引申提高。

在每次课结束前，引导学生进行归纳总结。对本次课的实际意义、重点、难点、容易出错处等及时进行总结。并针对案例的不足之处，进行引申和提高。注意在这个阶段，强调的是"引导"学生，而不是教师讲解。

第4个阶段，举一反三，学以致用。

案例源于生活，最终要应用于生活。为了使学生能学以致用、举一反三、触类旁通，每次教学结束时要及时布置相关的课后练习，使学生在课后进一步复习巩固，并且将课后作业纳入形成性考核的内容之一。同时给出下一次课的学习内容，提示学生预习。

（2）教学手段

教师要充分利用本课程教材、网络资源等教学资源，以便提高课堂教学效率；利用多媒体教学系统广播教学；利用网络将课堂教学延伸到课外，学生根据需要通过网络学习有关拓展内容。

2. 教学评价

要坚持结果评价和过程评价相结合，定量评价和定性评价相结合，教师评价和学生自评、互评相结合，突出阶段评价、目标评价、理论与实践一体化评价。要关注评价的多元性，积极引入行业企业生产过程中的考核、管理办法，体现本课程在评价上的特殊性。

（1）平时考核：出勤、课堂表现、课内实训

（2）学期考核：上机考核

（3）总评：期中考核（30%）+期末考核（30%）+平时考核（40%）

3. 教学基本条件

（1）专业教师条件

本课程专业教师不仅要有专业理论基础，而且要有较强的综合实操能力。

（2）实训室配置标准

名称	硬件配置	软件配置
电子商务实训室	① 计算机 30~50 台； ② 服务器 1 台、交换机 3 台； ③ 主控制台 1 台	① Photoshop CS6 及以上配置； ② 杀毒软件 1 套； ③ 极域课堂管理软件